키토제닉 세계요리

저탄고지 다이어트 레시피

KETO
키토제닉 세계요리
DIET

민희선 지음

버튼북스

Prologue

코로나 시대는 일상의 많은 부분을 바꿔놓았다. 외식은 이제 사치가 되었고 훌쩍 떠났던 국내외 여행은 과거의 추억을 붙잡고 살아야 하는 처지가 되었다. 비록 꾸역꾸역했던 운동이었지만 그마저 중단된 것은 물론이요, 너나 할 것 없이 집에 갇혀 있다보니 확찐자가 되었다는 웃픈 일화까지. 전혀 예상치 못했던 크고 작은 변화는 예상보다 장기화되어 우리의 일상을 송두리째 흔들고 있다.

살아 남아야 한다. 이건 본능이다. 그러기 위해선 육체와 내면 모두 건강하고 평온한 상태로 유지할 수 있어야 한다. 결국 식단의 도움을 받을 수밖에 없다. 언제 끝날지 모를 이 사태 속에, 설사 운이 좋아 이 지긋지긋한 상황이 종결된다 하더라도 우리는 끊임없이 건강을 염려하고 지켜야 하는 필수불가결의 시대에 살고 있다.

'건강하되 맛있어야 하고 만족스러운 식단이 무엇일까'에 대한 고민은 요리를 업으로 하는 사람뿐 아니라 모두에게 적용되는 난제다. 그 난제를 풀기 위해 선택한 것이 바로 키토제닉 식단. 일상에서, 그리고 특별한 날 모두를 행복하게 해줄 수 있는 레시피를 소개하고 싶었다. 이 책이 맛있는 음식을 기쁘게 먹으며 건강한 삶을 살고 싶은 모든 이에게 도움이 되기를 바란다.

contents

Prologue 004

* 키토제닉에 관하여 010
* 고기를 건강하게 즐기는 법 014
* 채소 손질하는 법 018
* 이 책의 계량법 019

Part 1 서양식 키토제닉 레시피 Keto Western Recipes

MY COOK STORY | 손쉬운 키토식, 토르티야 022

생선 토르티야 024
건새우 토르티야 026
아보카도 대파딥 028
과카몰레 030
아보카도 바질무스 032
구운 가지 샐러드 034
가지달걀찜 036

삐스또 038
감바스 알 알히요 040
레몬 소스를 곁들인 연어 스테이크 042
스페인식 오징어순대 044
렌틸콩 샐러드 046
렌떼하스 048
구운 파프리카 샐러드 050

닭날개 레드와인조림 052
돼지고기 와인찜 054
맥주 찜닭 056
스페인식 등갈비찜 058
당근 수프 060
사과 수프 062

Part 2 일본 가정식 키토제닉 Keto Japanese Recipes

MY COOK STORY | 일본 스타일 한 그릇 샐러드 066

셀러리 샐러드 068	돼지고기 미소국 084	부추 달걀볶음 100
오이 미역 샐러드 070	생선 뭇국 086	일본식 마파두부 102
카레 마요 샐러드 072	오리고기 메밀국수 088	닭고기 미소조림 104
연두부 샐러드 074	에그드롭 수프 090	일본식 소고기볶음 106
브로콜리 시라에 076	고등어 미소조림 092	야끼도리 108
두부 스테이크 078	매운 가지볶음 094	일본식 오징어 볶음 110
오징어 츠케모노 080	실곤약볶음 096	
일본식 채소국 082	우엉 깨무침 098	

Part 3 한식으로 맛보는 키토제닉 Keto Korean Recipes

MY COOK STORY | 단순하게, 키토제닉 114

키토 고추장 116	잣국수 130	늘보리밥과 소고기 강된장 144
키토 떡 118	곤약 우엉 잡채 132	돼지껍데기무침 146
키토 어묵 120	양배추 동치미 134	족발 148
키토 떡볶이 122	키토 김밥 136	키토 파전 150
키토 어묵 전골 124	치즈 꼬마 김밥 138	낙지 초국 152
우삼겹 숙주 냉채 126	실곤약 비빔국수 140	키토 육전 154
이북식 닭백숙 128	두부 콩국 142	

Part 4 중식으로 배우는 키토제닉 Keto Chinese Recipes

MY COOK STORY | 중식, 키토제닉을 코스 요리로 즐기는 방법 158

건두부냉채 160

해파리냉채 162

닭가슴살냉채 164

목이버섯무침 166

중국식 연두부 샐러드 168

중국식 땅콩조림 170

토마토 달걀볶음 172

중국식 가지볶음 174

지삼선 176

경장육슬 178

회과육 180

궁보계정 182

후추 소고기볶음 184

사천식 새우볶음 186

토마토 치킨국수 188

단단면 190

매콤 볶음국수 192

Part 5 동남아 요리로 즐기는 키토제닉 Keto Asian Recipes

MY COOK STORY | 타이 푸드도 키토제닉하게 202

태국식 연어 샐러드 204
실곤약 팟타이 206
태국식 새우 커리 208
태국식 돼지고기볶음 210
콜라비 쏨땀 212

얌운센 214
모닝글로리볶음 216
포두부 월남쌈 218
반쎄오 220
분짜 222

Part 6 키토제닉 캠핑 요리 Keto Camping Recipes

MY COOK STORY | 진정한 키토식, 고기 요리 226
해동 | 핏물 제거 | 고기 굽기 | 수육 227

묵은지 들기름무침 230
더덕무침 232
구운 가지무침 234
두부 피자 236
명란 채소전 238

명란 아보카도무스 240
와사비 소스를 곁들인 등심 샐러드 242
백김치찌개 244
돼지고기 양배추찜 246

키토제닉에 관하여
About Ketogenic

저탄수화물 고지방식, 일명 저탄고지 식단이 키토제닉 식단이다. 한국인들은 탄수화물 중독이 의심스러운 수준이라는 말이 있을 정도로 탄수화물 섭취량이 엄청나다. 밥, 국수, 빵, 떡 등의 무분별한 탄수화물 섭취는 고혈압, 당뇨와 같은 성인병으로 직결되고 건강한 일상을 흔들기에 충분하다.

흔히들 탄수화물 식품으로 흔히 밥이나 국수, 빵, 떡 등을 떠올리지만 우리가 먹는 대부분의 음식에서 섭취하는 당 역시 무시 못 할 양의 탄수화물을 함유하고 있다. 가볍게 마시는 음료 속에 들어있는 당분, 달콤한 과일의 당질, 각종 밑반찬에 넣는 설탕, 물엿, 올리고당 등은 우리가 일상에서 쉽게, 그러나 무심하게 접하는 탄수화물 중 하나다.

언젠가 오랜 해외생활로 몸무게가 많이 늘었다는 지인의 푸념을 들은 적이 있다. 해외생활을 접고 한국에 들어온 그녀는 서양식 식단이 아닌 건강한 한식을 먹을 수 있는것에 한껏 기대를 갖고 있었다. 자연스런 다이어트 효과를 기대하던 그녀에게 미안하지만 나는 한식으로 인한 그녀의 체중감량에 회의적인 의견을 내놓았다. 바로 한식에 포진되어있는 탄수화물 때문이었는데, 각종 반찬이나 찜, 조림 등에 들어가는 당분과 그와 함께 섭취하는 밥 한 공기의 식단으론 결코 다이어트의 효과를 기대하기 어렵다는 게 내 지론이었다. 실제로 그녀의 몸무게엔 변화가 없었다.

키토제닉 식단(이하 키토식)은 의외로 간단하다. 식단의 70~80%를 건강한 지방으로 섭취하고 탄수화물은 20% 정도로 소량만 섭취하는 것이다. 현재는 키토식이 다이어트 식단으로 유명하지만 약 100년 전에는 간질환자를 치료하기 위한 목적으로 시작된 식단이었다. 간질환자의 발작을 줄이기 위해서는 케톤 수치를 낮춰야 하고, 탄수화물 섭취를 최소화하며 그에 따른 부족한 에너지원은 지방산으로 대체한 것이 키토식의 시작이었던 셈이다. 이러한 키토식이 간질 외에도 여드름, 당뇨, 다낭성 난소증후군 등에 효과를 보이며 자연스레 건강식으로 자리 잡았다. 기존의 극단적인 다이어트 식단에서 벗어났다는 이유로 현재는 수많은 건강 지킴이들, 혹은 다이어터들에게 환대를 받고 있다.

키토제닉 식단의 목적은 우리 몸의 주에너지원을 포도당에서 지방으로 바꾸는 것이다. 이렇게 되면 탄수화물 섭취를 줄여 체내 지방을 태우며 자연스레 건강한 다이어트 효과를 기대할 수 있다. 꾸준히 키토식을 실천하다보면 우리 몸은 케토시스 ketosis 상태, 즉 항상 지방을 주에너지원으로 쓰는 상태가 되는데, 체중 감량의 효과는 물론이고 신체 에너지 수준을 높여 헛된 공복감마저 없애주는 효과를 기대할 수 있다.

① **키토제닉 식단에 필수적인 몸에 좋은 지방**

- 쇠고기, 돼지고기, 닭고기, 양고기, 오리고기 등 모든 육류
- 연어, 고등어, 삼치, 참치, 도미 등 지방이 풍부한 어류
- 새우, 바지락, 굴, 가리비, 홍합 등
- 버터(반드시 동물성 기름인 것으로 목초버터가 좋다), MCT오일(MCT 오일의 경우 다른 오일에 비해 케톤 생성에 빠른 도움을 받을 수 있다), 코코넛오일, 아보카도오일, 올리브오일
- 그 외 아몬드, 땅콩, 호두 등 견과류와 방탄커피, 치즈, 스테비아, 알룰루스, 에리스리톨 등 체내 흡수되지 않는 당분

② **키토제닉 식단을 위해 피해야 할 음식**

- 쌀, 고구마, 밀가루, 빵 등 각종 탄수화물
- 사과, 바나나, 파인애플, 오렌지, 귤, 멜론, 파인애플, 키위, 체리, 배 등 당분이 많은 과일
- 설탕이 첨가된 양념
- 초콜릿, 케이크, 아이스크림, 마카롱 등 당분이 많은 디저트
- 피자, 치킨, 햄버거 등 인스턴트 식품
- 마가린, 쇼트닝, 식용유 등 트랜스지방이 많은 식품

키토식은 아주 간단하다. 탄수화물과 당분을 줄이는 것. 그리고 키토식이라는 게 저탄수화물 식단이지, 무탄수화물 식단은 아니라는 사실을 기억하자. 대부분의 식재료들은 기본적으로 탄수화물을 함유하고 있기 때문에 무탄수화물로 식단을 구성하는 것은 사실상 불가능하다. 그러니 자칫 키토식에 심취하여 탄수화물 제로에 도전하며 스트레스에 시달리는 자신을 발견한다면 내가 실천하고 있는 식단은 저탄수화물이라는 것을 명심하라.

또, 탄수화물에 익숙해져 있는 우리 몸이 주 에너지원을 지방으로 바꾸는 동안 엄청난 변화를 거치며 다양한 증상이 발생할 수 있는데, 그 증상이 감기와도 같다 하여 일명 키토플루라 부른다. 이 증세가 나타나면 나트륨과 수분 섭취를 늘리며 심할 경우 탄수화물을 적절히 섭취해 우리 몸이 점차 케토시스 상태로 자리 잡아갈 수 있도록 적당히 조율해가는 과정이 필요하다. 이러한 증상은 식단 시작 후 약 2주가 지나면 나타날 수 있는데, 이 시기만 지나면 우린 진정 키토인으로 거듭날 수 있다.

고기를 건강하게 즐기는 법
How to Enjoy Meat

육류는 키토제닉 식단에서 결코 빠질 수 없는 식재료다. 우선 소고기는 맛이 좋고 영양가가 높아 키토인들이 애호한다. 소고기의 단백질에는 성장에 필요한 필수 아미노산이 골고루 들어 있어 현대인들은 물론, 키토인들에게 반드시 필요한 식재료다. 그러나 소고기의 지질은 스테아르산이나 팔미트산과 같은 융점이 높은 고급 포화지방산이 많아 소화 흡수가 좋지 못하다. 고급 포화지방산을 많이 먹으면 필수지방산의 요구량도 커지는데, 소금구이나 불고기를 조리할 때 필수지방산이 많은 참기름을 곁들여 먹는 것이 영양상 조화를 이루는 방법이다. 특히 성인병의 원인이 되는 콜레스테롤을 줄이기 위해서는 참기름 같은 식물성 기름을 함께 섭취해주는 것이 혈관 침착 예방에 도움이 된다. 또한 칼슘에 비해 인산이 많은 소고기는 대표적인 산성 식품이기 때문에 알카리성 식품인 채소류와 곁들여 먹는 것이 바람직하다.

돼지고기는 머리카락을 검게 해준다는 속설이 있을 정도로 활성화 물질이 많아 젊음을 유지하는 데 큰 도움을 주는 식재료다. 질 좋은 단백질 공급원으로 비타민 B1, B2가 풍부해 신진대사 촉진에 도움이 되기도 한다. 특히 비타민 B1의 경유, 소고기보다 많은 양을 함유하고 있으며 소화 흡수에도 도움을 준다. 불포화지방산인 리놀렌산이 풍부하여 동맥경화 촉진을 막아주며 탄산가스를 중화해줌으로써 폐에 쌓인 공해를 중화시켜주는 놀라는 효능을 가지고 있다. 또한 빈혈 예방, 젖산 억제, 신경 안정 등에도 도움이 되며, 손과

발 저림증 예방에도 도움을 준다. 요즘같이 무기력해지기 쉬울 때 기력 회복에도 도움을 주니 그 어느때보다 섭취가 요구되는 식재료다. 다만 한의학적으로는 차가운 성질을 가지고 있어 평소 몸이 냉하거나 소화력이 약한 체질은 섭취를 조절하는 것이 필요하며, 이를 보완하기 위해 따뜻한 성질인 표고버섯이나 소화를 돕는 새우젓과 함께 섭취하는 것도 방법이다.

돼지고기는 냉장 보관할 경우엔 1~5도가 적당하고 보관기간은 5일 이내로 한다. 만약 냉동일 경우엔 랩으로 잘 포장하고 비닐로 밀봉하면 되지만 냉동 보관 기간은 5개월을 넘기지 않도록 유의한다. 냉동 후 해동이 필요할 때는 냉장 해동이 가장 적당하며, 시간이 없을 땐 밀봉 상태에서 미지근한 물에 담가 해동하도록 한다.

요즘은 질 좋은 수입 돼지고기가 시중에 많이 유통되고 있다. 특히 사료를 먹여 사육하는 방식이 아닌, 드넓은 초원에서 올리브, 도토리만 먹여 키우는 스페인산 돼지고기가 큰 인기다. 자연에서 태생하여 자연 방목 후 하루 평균 10kg의 올리브, 도토리, 허브를 섭취하는 스페인산 돼지고기는 자유롭게 방목되어 자라기 때문에 근육조직 내에 52.58% 이상이 올레인산 성분의 불포화지방산으로 이루어지고 비타민 B, 비타민 E, 철분, 아연 등 미네랄이 풍부하다. 부드러운 식감과 올리브향이 나는 지방의 풍미는 국내뿐 아니라 전 세계 미식가들에게 맛 좋고 품질 높은 돼지고기로 인정받고 있다.

고기 손질법

갈비 손질법에 대해 궁금해하는 이들이 많다. 마트나 정육점, 온라인 쇼핑몰에서 판매하는 갈비를 구입하여 바로 요리를 해도 큰 무리는 없지만 갈비를 더욱 맛있게 먹기 위한 손질법을 알아보자.

우선, 모든 갈비는 요리 전 반드시 흐르는 물에 세척을 해야 한다. 자르는 과정에서 뼛가루가 묻을 수도 있기 때문. 그후 핏물을 제거해야 하는데, 보통은 찬물에 담그는 과정을 거치지만 자칫 잘못하면 핏물과 함께 고기의 단맛도 같이 빠질 가능성이 크다. 따라서 갈비의 핏물을 빼는 가장 적절한 방법은, 세척한 갈비를 사진과 같이 체에 올려두는 것이다. 한 두 시간 후면 체 밑으로 시뻘건 핏물이 한가득 빠질 것이다. 이 방법만이 고기의 단맛을 지키면서 핏물을 뺄 수 있는 유일한 방법이다.

이젠 돼지갈비에 간이 잘 배도록 칼질을 해보자. 우선 뼈 바로 밑으로 칼을 넣은 후 병풍 모양으로 갈비살을 펼쳐나간다. 이렇게 뼈 옆에 붙은 덩어리살을 얇게 펼쳐 조리하면 간도 잘 밸 뿐 아니라 고기도 더욱 연하게 느껴진다.

이번엔 LA갈비다. 먹기도 편하고 조리 시간도 짧아 일반 소갈비보다 찾는 이들이 많은 갈비다. 우선 갈비살 끝에 붙은 막이나 기름을 제거한 후 망치로 두들기면 LA갈비를 더욱 맛있게 즐길 수 있을 것이다.

채소 손질하는 법

이 책의 레시피는 사진과 같이 썰거나 다져 조리했다. 평소 한식을 요리한다면 어렵지 않은 칼질하는 법이다.

깍둑 썰기 | 재료를 사방 1~2cm 크기의 네모 모양으로 썬다.

어슷 썰기 | 재료를 대각선 방향으로 일정한 간격을 두어 썬다.

송송 썰기 | 재료를 한 방향으로 얇게 썬다.

편 썰기 | 재료를 한 방향으로 저미듯 썬다.

채 썰기 | 편 썬 재료를 다시 한 줄로 길게 썬다.

다지기 | 채 썬 재료를 곱게 썬다.

이 책의 계량법

컵은 C, 큰술은 T, 작은술은 t로 표기한다. 사진을 통해 장류, 액체, 가루의 양을 참고하고, 각자의 입맛에 따라 가감하여 요리하기를 권한다.

장류 1T 15g

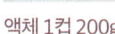
장류 1t 5g

액체 1컵 200g

액체 1T 15g

액체 1t 5g

가루 1컵 130g

가루 1T 15g

가루 1t 5g

Part 1

서양식 키토제닉 레시피

KETO WESTERN RECIPES

손쉬운 키토식,
토르티야

20대 초중반까지만 해도 유럽, 그것도 당시엔 국내에 그다지 친숙하지 않았던 스페인으로 요리 유학을 떠날 것이라곤 생각도 못했다. 나는 그저 대학 졸업 후 우연히 들어간 중소기업 홍보부에서 언론 보도자료 담당자로 일하며 하루하루를 견뎌내고 있는 '88만 원 세대' 중 하나였으니까. 2000년대 중반, 88만 원 세대를 겪어본 사람은 알 것이다. 당장 힘든 게 문제가 아니라 앞으로의 미래가 걱정이라는 것을. 나 역시 마찬가지였다. 회사원으로 꾸역꾸역 이 시기를 견디는 것이 능사가 아닌, 내가 평생 업으로 삼을 만한 무언가를 더 늦기 전에 시작해야 한다는 압박감과 동시에 미래에 대한 호기로움이 꿈틀대기 시작했다.

어릴 때부터 기골이 장대했던(?) 나는 그 기골을 유지하기 위해 먹는 것을 꽤나 좋아했던, 아니 즐겨 했었다. 자연스레 요리에 관심이 많았지만 단순히 취미 이상도 이하도 아니었던 요리를 업으로 선택할 생각을 하지 못했던 게 지금 생각하면 좀 아쉽다. 아무튼, 스물여섯 살의 나이에 회사에 사표를 내고 무모할지도 모를 요리계로 뛰어들었고, 스페인 유학길에 오른 게 내 나이 서른이었다. 시대가 변함에 따라 서른이라는 나이는 더 이상 노련한 어른을 결정짓는 연령이 될 수 없는 듯하다. 우리 엄마는 나이 서른에 이미 딸아이 셋을 두고 시부모님을 모시고 사는 강철 주부였지만, 나는 서른에도 심히 유약하고 미성숙했다. 혈혈단신 말도 통하지 않는 지구 반대편으로 날아가 강단 있게 유학생활을 시작하자니 막막했다. 어디가

좀 모자란 건지, 덜 자란 건지, 그 막막함이 나를 짓누르기 시작했다. 난생처음 해보는 말 안 통하는 해외생활이 마냥 두려웠고, 심지어 공포로까지 다가왔다. 지나가는 길 위의 죄 없는 스페인 사람들을 경계하는 건 물론이요, 그 나라 음식을 먹으면 왠지 탈이 날 것 같아 스페인 도착 후 한 달 가까이 생수와 바게트만 먹었던 참 덜 떨어진 기억이 난다.

    자연스레 울며불며 한국에 있는 가족에게 하루에도 열두 번씩 전화를 걸어 여기서 못 살겠다고, 돌아가고 싶다며 몸부림을 치다 어느 날 문득 제정신이 들었다. 남들은 하고 싶어도 못하는 유럽생활을 즐기지는 못할망정 뭐 하는 짓인가 싶어 스스로를 반성하며 마음을 가다듬은 것. 짐 싸서 돌아갈 수는 없었다. 나를 아는 모두에게 창피하니까. 그러기 위해선 이곳에서 살아남아야 하고, 살아남기 위해선 이 나라 음식을 먹어야 한다. '그래, 마트에 가서 생수와 바게트만 살 게 아니라 뭐가 됐든 식당 문을 열고 들어가 이 나라 음식을 먹어보자.'라고 생각하며 도전했던 스페인 첫 음식이 토르티야Tortilla였다.

생선 토르티야
Fish Tortilla

기준	지방	단백질	탄수화물	식이섬유
4인분	10g	18g	3g	4g

프라이팬에 준비한 재료를 널찍하게 부쳐 먹는 일종의 부침개 같은 스페인 음식이다. 스페인엔 주재료에 따라 여러 종류의 토르티야가 존재하지만, 먼저 키토식에 맞는 생선 토르티야를 준비해본다. 키토인들이 지방과 함께 반드시 섭취해야 하는 영양소가 단백질이고, 생선살은 단백질을 섭취하기에 아주 좋은 식재료다.

재료

달걀 7개
동태포 200g
양파 150g
소금 1t
올리브유 1T + 1/3C

만드는 방법

1. 달걀은 잘 풀어 달걀물을 만들고 양파는 채 썰고 동태포는 옅은 소금물에 흔들어 씻은 뒤 키친타월로 물기를 제거한다.
2. 팬에 올리브유 1T를 두르고 양파와 동태포를 충분히 볶아준다.
3. 볶은 양파와 동태포를 풀어놓은 달걀물에 넣고 소금과 섞어준다.
4. 오믈렛 팬에 올리브유 1/3C과 3을 부어 두툼하게 익힌다.
5. 접시를 이용해 달걀이 익을 때까지 2분 간격으로 뒤집으며 완성한다.

건새우 토르티야
Dried Shrimp Tortillas

기준	지방	단백질	탄수화물	식이섬유
2인분	9g	11g	6g	3g

건새우 토르띠야는 우리나라 명절에 먹는 다양한 전 종류 중 하나 같다. 아몬드가루와 콩가루의 고소함에 건보리새우의 바삭함이 어우러진 별미. 반죽을 만드는 방법부터 부쳐내는 모양새까지 친숙해 누구나 쉽게 만들어 먹을 수 있다. 밀가루 부침개에 갈증을 느끼는 키토인들의 아쉬움을 달래줄 고마운 메뉴다.

재료

- 아몬드가루 150g
- 날콩가루 150g
- 물 200g
- 다진 양파 100g
- 건보리새우 200g
- 파슬리가루 1t
- 해바라기씨유 적당량

만드는 방법

1. 아몬드가루와 날콩가루, 물을 섞는다.
2. 1에 잘게 다진 양파와 파슬리가루, 건보리새우를 넣고 잘 섞어 반죽을 준비한다.
3. 팬에 해바라기씨유를 두르고 2의 반죽을 적당히 올려 앞뒤로 노릇하게 지진다.

아보카도 대파딥
Avocado & Spring Onion Dip

기준	지방	단백질	탄수화물	식이섬유
2인분	12g	3.5g	7g	6g

키토식은 지방 섭취가 필수적이다. 다만, 저질의 지방이 아닌 양질의 지방을 섭취해야 하는데 숲속의 버터라 불리는 아보카도가 제격. 아보카도를 생식으로 먹기엔 좀 부담스럽다는 키토인들에게 이 레시피를 공개한다. 요거트의 상큼함과 익은 대파의 달큰함이 어우러져 매력적인 맛을 낸다.

재료

아보카도 1개
대파 100g

+드레싱

플레인 요거트 100g
올리브유 1T
식초 1T
소금 1t
후추 약간

만드는 방법

1. 대파는 송송 썰어 올리브유에 충분히 볶는다.
2. 아보카도는 반으로 갈라 씨를 제거하고 과육을 으깬다.
3. 2에 볶은 대파와 드레싱 재료를 모두 넣어 잘 섞는다.

과카몰레
Guacamole

기준	지방	단백질	탄수화물	식이섬유
2인분	14g	4g	6g	5g

남미 음식의 상징인 과카몰레도 대표적인 키토제닉 푸드. 열을 가해 익히는 과정이 없기에 더욱 간편하게 만들어 먹을 수 있다. 기호에 따라 고수를 곁들이면 더욱 풍성한 맛과 향의 과카몰레가 완성된다. 양질의 지방 섭취가 필수인 키토인들에게 강권하는 메뉴다.

재료

아보카도 1개
다진 토마토 100g
다진 양파 50g

+드레싱
올리브유 1T
레몬즙 1T
소금 1t

만드는 방법

1. 아보카도는 반으로 갈라 씨를 제거하고 과육을 으깬다.
2. 1에 다진 토마토와 양파를 넣고 드레싱을 넣어 골고루 섞는다.

아보카도 바질무스
Avocado Basil Mousse

기준	지방	단백질	탄수화물	식이섬유
2인분	15g	3g	7g	5g

아보카도는 곁들이는 재료에 따라 다양한 요리로 재탄생한다. 스페인 요리학교 시절 절친하게 지내던 친구 엔리께가 모국의 요리를 소개하며 알려준 레시피 중 하나인 아보카도 바질무스. 곱게 으깬 아보카도에 곁들이는 허브와 드레싱 종류만 변경해 다양한 맛으로 즐겨보자.

재료

아보카도 1개
바질 30g

+드레싱
올리브유 2T
레몬즙 1T
파마산치즈가루 1/2T
소금 1/2t

만드는 방법

1. 바질은 잘게 다져 준비한다.
2. 아보카도는 반으로 갈라 씨를 제거하고 과육을 으깬다.
3. 다진 바질과 드레싱 재료를 모두 넣고 잘 섞는다.

TIP
취향에 따라 좋아하는 치즈를 곁들여 먹는다.

구운 가지 샐러드
Grilled Eggplant Salad

기준	지방	단백질	탄수화물	식이섬유
2인분	8g	1.5g	3g	5g

유럽에 살며 가지에 대한 편견이 깨졌다. 가지밥, 가지전 정도로만 접했던 한국과 달리 유럽에는 다양하고 매력적인 가지 요리가 많았다. 구운 가지의 단맛, 짙은 향의 올리브유와 감칠맛 나는 드레싱은 내게 바람이 쉬어간다는 스페인 남부의 지중해 마을 프리힐리아나를 떠올리게 한다.

재료

가지 2개

+드레싱
올리브유 3T
다진 양파 1T
양조 식초 2T
발사믹 식초 1T
소금 1/2T
후추 약간

만드는 방법

1. 가지는 두께 2cm로 어슷 썰어 기름 없는 팬에서 센불에 굽는다.
2. 드레싱은 재료를 모두 섞어 준비한다.
3. 구운 가지를 드레싱에 버무린다.

가지 달걀찜
Steamed Eggs with Eggplant

기준	지방	단백질	탄수화물	식이섬유
2인분	16g	18g	6g	3.5g

달걀 역시 키토제닉 식단에 빠질 수 없는 재료. 스페인식 달걀찜은 우리나라와 맛과 모양새, 만드는 방법까지 거의 유사하다. 여기에 우유와 새우가 들어가 단백질과 지방의 조화까지 느낄 수 있는 메뉴다. 가지 대신 호박이나 버섯을 넣어도 한 끼 식사로 손색없는 키토제닉 푸드가 완성된다.

재료

달걀 3개
가지 100g
양파 50g
냉동 새우 100g
우유 1C
소금 1/2T
후추 약간
올리브유 약간

만드는 방법

1. 가지, 양파, 냉동 새우는 잘게 다져 준비한다.
2. 팬에 올리브유를 두르고 1을 볶는다.
3. 2에 우유를 넣고 끓인다.
4. 달걀을 잘 풀어 3과 함께 섞는다.
5. 찜 용기에 4를 넣고 랩을 씌워 김이 오르면 20분간 찐다.

삐스또
Pisto

기준	지방	단백질	탄수화물	식이섬유
2인분	13g	6g	3g	9g

프랑스에 라따뚜이가 있다면 스페인에는 삐스또가 있다. 풍성한 지방과 적절한 단백질, 소량의 탄수화물을 섭취하는 키토제닉 식단, 고지방 식사가 부담스러울 때 다양한 채소와 상큼한 토마토소스로 맛을 낸 스페인식 채소 요리 삐스또를 추천한다. 올리브유와 버터를 함께 사용하면 지방 함량을 높여 더욱 키토제닉한 식단이 된다.

재료

가지 200g
토마토 100g
양파 100g
파프리카 100g
쥬키니 호박 100g
다진 마늘 1t
토마토소스 1C
소금 1/2T
후추 약간
올리브유 약간

만드는 방법

1. 채소는 사방 1cm로 깍뚝 썰어 준비한다.
2. 팬에 올리브유를 두르고 채소를 볶는다.
3. 2에 토마토소스를 넣고 뚜껑을 닫아 약불에서 20분간 끓인다.
4. 소금과 후추로 간해 마무리한다.

감바스 알 알히요
Gambas Al Ajillo

기준	지방	단백질	탄수화물	식이섬유
2인분	25g	18g	4.5g	3g

이미 대표적인 스페인 음식으로 자리 잡은 감바스 알 아히요. 유학 시절 스페인의 무더위에 지칠 때쯤, 해변 도시 까디스로 스페인식 피서를 떠났다. 해산물의 천국이었던 그곳에서 만난 해물요리 중 지중해식 환상의 맛을 선물해준 세 가지 요리를 소개하고 싶다. 그중 감바스는 올리브유를 한껏 사용해 양질의 지방을 충분히 섭취할 수 있는 장점이 있다.

재료

대하 12마리
통마늘 100g
블랙 올리브 30g
페페론치노 20g
올리브유 1C
소금 1T
후추 약간
파슬리가루 약간

만드는 방법

1. 대하는 머리와 몸통을 분리하고 꼬리 가운데 있는 물총을 제거한 뒤 꼬리 한 마디를 제외한 껍질을 벗겨 준비한다.

2. 팬에 올리브유와 두툼하게 자른 마늘, 올리브, 페페론치노, 새우 머리를 넣고 약불에서 10분간 끓인다.

3. 1의 손질한 새우 몸통을 넣어 2분간 익히고 소금과 후추로 간한 뒤 파슬리가루를 뿌려 마무리한다.

레몬소스를 곁들인 연어 스테이크
Salmon Steak with Lemon Sauce

기준	지방	단백질	탄수화물	식이섬유
2인분	46g	17g	4g	2g

연어는 저탄고지 식단의 가장 대표적인 식재료 중 하나다. 까디스에서 맛본 연어 스테이크는 연어 본연의 풍성한 맛과 상큼한 레몬소스가 완벽한 조화를 이루었다. 게다가 연어의 풍부한 지방을 섭취할 수 있어 키토인들에게 아주 훌륭한 식단이다. 의외로 간단한 이 음식을 만들어 먹을 때면 떠들썩하지 않아 더 좋았던 지중해 해변에서의 휴가가 떠오른다.

재료

연어 300g
아몬드가루 2T
버터 30g
올리브유 1T
소금 약간
후추 약간

+레몬소스

케이퍼 2T
다진 마늘 1T
레몬즙 2T
레몬 슬라이스 4쪽
화이트와인 3T
소금 1t
후추 약간

만드는 방법

1. 연어는 소금과 후추로 밑간하고 아몬드가루를 묻힌다.
2. 팬에 버터와 올리브유를 올려 1을 굽는다.
3. 레몬소스는 재료를 모두 넣고 살짝 끓인 뒤 구운 연어와 곁들여 낸다.

스페인식 오징어순대
Spanish Squid Sausage

기준	지방	단백질	탄수화물	식이섬유
2인분	12g	30g	9g	5g

스페인식 오징어순대도 까디스에서 맛본 해산물 요리 중 하나. 우리나라의 순대와 만드는 방법은 유사하지만 곁들이는 소스와 순대 소에 들어가는 재료가 다르다. 이 레시피는 올리브유와 파마산치즈가 들어가 지방 함유가 풍성한 대표적인 키토제닉 푸드. 맛과 비주얼 모두 특별한 날 초대 음식으로도 손색없을 만큼 추천하고 싶은 메뉴다.

재료

오징어 1마리
다진 양파 70g
다진 대파 30g
다진 마늘 1T
올리브유 약간
토마토소스 3T

+양념

파마산치즈가루 1T
아몬드가루 1T
시나몬파우더 약간
소금 1t
후추 약간

만드는 방법

1. 잘게 다진 오징어 다리, 양파, 대파, 마늘을 올리브유에 볶는다.
2. 1에 양념 재료를 모두 넣고 2분간 더 볶아 순대 소를 완성한다.
3. 오징어 몸통에 2를 넣고 이쑤시개로 고정시킨다.
4. 올리브유를 두른 팬에 3을 앞뒤로 구워 익힌다.
5. 완성된 오징어순대는 살짝 식힌 후 먹기 좋게 잘라 토마토소스와 곁들여 낸다.

렌틸콩 샐러드
Lentil Salad

기준	지방	단백질	탄수화물	식이섬유
2인분	10g	12g	7g	7g

렌틸콩은 수프나 샐러드, 볶음 요리에 자주 사용되며 맛과 건강을 동시에 책임지는 소중한 식재료다. 렌틸콩과 여러 가지 야채를 잘게 썰어 함께 버무려낸 샐러드는 우리나라의 채소요리와는 다른 이국적인 맛과 향이 난다.

재료

렌틸콩 100g
붉은 파프리카 50g
노란 파프리카 50g
토마토 100g
양파 30g

+드레싱

올리브유 3T
양조 식초 2T
발사믹 식초 T
소금 1/2T

만드는 방법

1. 렌틸콩은 20분간 삶고 모든 채소는 잘게 썰어 준비한다.
2. 드레싱은 모든 재료를 잘 섞어 준비한다.
3. 모든 채소와 삶은 렌틸콩을 드레싱에 버무려 완성한다.

렌떼하스
Lentil Bean Stew

기준	지방	단백질	탄수화물	식이섬유
2인분	32g	30g	9g	6g

한국에서도 가을깨나 타던 내가 스페인의 뜨거운 여름을 보내고 맞이한 가을은 더욱 쌀쌀했다. 렌틸콩과 갖가지 채소를 함께 끓여내는 수프 렌떼하스는 이런 시기에 필요한 소울푸드다. 특히 고기보다 채소나 콩 요리를 즐기는 입맛이라면 추천하고 싶다. 스페인 전통 햄인 초리조 대신 원하는 돼지고기 부위나 다른 종류의 햄으로 대체 가능하다.

재료

- 삶은 렌틸콩 100g
- 쥬키니 호박 150g
- 양파 100g
- 당근 50g
- 토마토 50g
- 초리조 100g
- 월계수잎 1장
- 다진 마늘 1t
- 올리브유 1T
- 소금 1T
- 후추 약간

만드는 방법

1. 렌틸콩은 약 20분간 삶아 준비한다.
2. 팬에 올리브유를 두르고 다진 마늘과 한입 크기로 자른 채소를 볶다가 소금, 후추로 간한 뒤 물을 붓고 끓인다.
3. 채소가 익으면 믹서에 거칠게 간다.
4. 3과 초리조, 삶은 렌틸콩, 월계수잎을 넣어 중불에서 10분간 끓여 완성한다.

구운 파프리카 샐러드
Grilled Paprika Salad

기준	지방	단백질	탄수화물	식이섬유
2인분	10g	4g	3g	5g

채소나 과일은 구우면 단맛이 4배나 증가한다. 당을 절제해야 하는 키토제닉 식단에 구운 채소를 곁들이기를 추천한다. 구운 채소의 겸손한 단맛과 은근히 느껴지는 불 향이 채소를 색다르게 즐길 수 있는 경험을 선사할 것이다.

재료

파프리카 2개

+드레싱
올리브유 2T
양조식초 2T
발사믹식초 1T
다진 양파 1T
파슬리가루 약간
소금 1/2T

만드는 방법

1. 파프리카는 껍질이 전체적으로 검게 될 때까지 직화로 굽는다.
2. 구운 파프리카 껍질을 물로 헹궈가며 벗겨준다.
3. 껍질 벗긴 파프리카는 스틱 모양으로 자른다.
4. 드레싱 재료와 준비한 파프리카를 버무려 완성한다.

닭다리 레드와인 조림
Red Wine Glazed Drumsticks

기준	지방	단백질	탄수화물	식이섬유
2인분	25g	15g	5g	2g

육류는 키토제닉 식단의 중심이다. 앞으로 소개할 두 가지 요리는 육류에 와인을 넣기로 유명한 프랑스에서 맛보았다. 고기와 와인이 만나면 풍미가 더욱 풍성해져, 진정 행복의 맛을 선사한다. 닭다리 대신 닭날개나 볶음탕용 닭으로 대체해도 좋다.

재료

닭다리 200g

+마리네이드
다진 마늘 1t
다진 생강 1t
올리브유 2T
소금 1t
후추 약간
바질가루 약간

+조림장
레드와인 1C
알룰로스 1T
간장 2T

만드는 방법

1. 닭다리는 마리네이드 재료에 버무려 20분간 재운다.
2. 1을 앞뒤로 1분간 굽다가 조림장 재료를 모두 넣는다.
3. 뚜껑을 닫아 중불에서 15분간 익힌다.
4. 뚜껑을 열어 센불에서 조림장이 없어질 때까지 조려 완성한다.

돼지고기 와인찜
Red Wine Glazed Drumsticks

기준	지방	단백질	탄수화물	식이섬유
2인분	32g	15g	7g	6g

버터와 올리브유에 베이컨을 볶아내면 감칠맛이 폭발한다는 표현을 한다. 여기에 레드와인을 넣어 익힌 돼지고기 또한 별미. 생각보다 거대해 더욱 벅찬 감동으로 다가왔던 에펠탑과 와인에 조려낸 두 가지 고기 요리를 맛본 그날 밤의 프랑스는 내게 언제나 향수로 남아 있다.

재료

돼지고기 목살 300g
베이컨 50g
대파 30g
파프리카 70g
버터 20g
올리브유 약간
레드와인 1C
소금 1/2T
후추 약간

만드는 방법

1. 냄비에 버터와 올리브유를 넣고 잘게 다진 베이컨, 대파, 파프리카를 볶는다.
2. 레드와인을 넣고 센불에서 1분간 끓여 알코올을 날린다.
3. 목살을 넣고 소금, 후추로 간한 뒤 뚜껑을 닫아 중불에서 10분간 익힌다.

맥주 찜닭
Beer Chicken

기준	지방	단백질	탄수화물	식이섬유
2인분	26g	22g	14g	4g

맥주와 치킨은 어느 나라에서나 환상의 콤비로 통하는 듯하다. 프랑스에서 맛본 맥주 찜닭은 오렌지주스가 들어가 상큼한 그 맛이 독특했던 것으로 기억한다. 맥주의 쌉쌀한 향은 날아가고 촉촉함만 남은, 맥주를 머금은 닭고기를 즐겨보자. 요리할 때 자연스레 나오는 닭기름은 키토인들에게 아주 귀한 고지방식이 된다.

재료

닭볶음용 닭 300g
양파 150g
다진 마늘 1T

+마리네이드
무가당 오렌지주스 1C
소금 1t
후추 약간

+양념
무가당 오렌지주스 1/2C
맥주 1/2C
머스터드소스 2T
알룰로스 1T
소금 1T

만드는 방법

1. 닭은 마리네이드 재료에 30분간 재운다.
2. 양념은 모든 재료를 잘 섞어 준비한다.
3. 올리브유를 두른 팬에 1을 겉면만 노릇하게 구워 건지고 그 팬에 채 썬 양파와 마늘을 넣어 1분간 볶는다.
4. 3에 구운 닭과 2를 넣고 뚜껑을 닫아 중불에서 10분간 끓인다.
5. 뚜껑을 열어 센불에서 남은 양념장을 조려 완성한다.

스페인식 등갈비찜
Spanish Steamed Back Ribs

기준	지방	단백질	탄수화물	식이섬유
2인분	25g	30g	12g	10g

우리나라에만 있는 줄 알았던 등갈비찜을 스페인에서 만났다. 표고버섯과 양파가 들어가는 것까지는 비슷한데 밀가루를 묻혀 고기를 한 차례 익혀낸다는 점이 달랐다. 이는 등갈비와 부재료, 소스를 잘 엉기게 하기 위한 과정인데, 키토인들을 위해 밀가루 대신 아몬드가루를 입혀 만든 서양식 등갈비찜을 소개한다.

재료

등갈비 600g
불린 건표고 80g
양파 150g
토마토 100g
마늘 30g
아몬드 30g
올리브유 약간
아몬드가루 1/2C

+양념
화이트 와인 1C
소금 2T
후추 약간

만드는 방법

1. 등갈비는 근막을 제거하고 소금으로 밑간해 준비한다.
2. 1에 아몬드가루를 앞뒤로 묻혀 올리브유를 두른 팬에 겉면이 노릇해질 때까지 굽는다.
3. 등갈비를 건져내고 잘게 다진 표고와 양파, 토마토, 마늘을 넣어 볶는다.
4. 3에 구운 등갈비와 양념장을 넣어 중불에서 20분간 끓인다.
5. 뚜껑을 열어 남은 양념장을 바짝 조리고 굵게 다진 아몬드를 뿌려 완성한다.

당근 수프
Carrot Soup

기준	지방	단백질	탄수화물	식이섬유
2인분	12g	10g	5g	3g

당근이 수프 재료로 사용될 수 있다니, 처음에는 신선했다. 우유를 넣어 끓인 수프는 그 맛과 질감이 크림 수프와 같아져 이내 익숙해진다. 당근의 은은한 단맛은 당분을 그리워 하는 키토인들에게 조용한 위로를 건넬 것이다. 쌀쌀한 날 달큰한 당근 수프 한 그릇이면 몸과 마음까지 따뜻해진다.

재료

당근 200g
우유 150g
버터 30g
올리브유 1T
소금 1/2t

만드는 방법

1. 당근은 깍뚝썰고 끓는 물에 넣어 10분간 삶아준다.
2. 1의 익힌 당근과 우유, 버터, 올리브유, 소금을 섞어 믹서에 곱게 간다.
3. 취향에 따라 견과류 혹은 잘게 자른 키토빵을 곁들여 완성한다.

사과 수프
Apple Soup

기준	지방	단백질	탄수화물	식이섬유
2인분	15g	5g	3g	3g

디저트나 가니시로만 사용할 줄 알았던 사과 역시 생소했던 수프 재료 중 하나다. 하지만 버터와 함께 볶아 풍미가 살아나는 사과와 그에 곁들이는 채소는 맛이 일품. 게다가 사과와 시나몬파우더의 조합은 언제나 옳다. 과일의 단맛이 그리울 때 만들어보기를 추천한다.

재료

사과 200g
쥬키니 호박 50g
양파 30g
우유 1컵
소금 1t
올리브유 1T
버터 30g
시나몬파우더 약간

만드는 방법

1. 팬에 버터와 올리브유를 두르고 채 썬 사과와 호박, 양파를 볶는다.
2. 1에 우유와 시나몬파우더를 넣고 중불에서 10분간 끓인다.
3. 3에 소금을 넣고 믹서에 곱게 갈아 완성한다.

일본 가정식 키토제닉

KETO JAPANESE RECIPES

일본 스타일
한 그릇 샐러드

오사카에 도착하자마자 습하고 무더운 날씨가 나를 반긴다. 후끈한 찜통 더위가 절정으로 치닫는 8월 오사카의 날씨는 한국의 고온 다습한 무더위와는 차원이 다른 것이었다. 바다가 인접해 있어서인지 서울 도심보다 열 배는 더한 듯한 후텁지근함에 "여름엔 일본 가는 거 아니야"라고 말하던 주변 지인들의 충고가 떠오른다. 남들은 더위를 피해서 휴가를 간다던데, 나는 더위를 찾아온 것 같은 억울함이 들자 더 더워지는 기분에 견딜 수조차 없을 지경. 서둘러 어디라도 들어가야겠다는 마음에 서둘러 오사카 도톤보리로 향한다. 오사카 최고의 번화가이자 쇼핑, 맛집, 클럽 등이 즐비한, 오사카의 중심지라 할 수 있는 도톤보리는 어떤 모습으로 나를 반길까.

도톤보리에 도착하니 말로만 듣던 번화한 거리가 날 반긴다. 더운 건 마찬가지지만 일단 도톤보리강이 답답한 가슴을 뻥 뚫리게 해서인지 심신에 안정을 가져다주는 느낌. 도톤보리강 위에 주렁주렁 달린 컬러풀한 등불이 일본스러움을 한껏 강조한다. 여기가 바로 오사카구나 하는 생각에 조금은 설레기도 했다. 그러나 온몸으로 일본을 느끼기엔 무더위가 날 너무나도 지치게 했다. 스페인의 여름을 무사히 견뎌냈으니 이제 무더위쯤이야 익숙하게 견뎌낼 줄 알았다. 고온 건조했던 그곳의 여름 기후와는 전혀 다른 스타일의 더위인 탓에 일본행을 후회할 정도로 서 있기조차 힘이 들었다. 무언가 이 열기를 식혀줄 차가운 식사거리가 절실하다.

그래서 무작정 들어간 식당에서 맛본 일본의 다양한 샐러드들. 간단하지만 한끼 식사로 전혀 손색이 없는 일본 스타일의 샐러드는 바쁜 현대인들에게 최고의 한 그릇 음식이 아닐까.

셀러리 샐러드
Celery Salad

기준	지방	단백질	탄수화물	식이섬유
2인분	12g	10g	5g	3g

주재료인 채소와 오일 베이스 드레싱이 결합된 샐러드는 가장 기본적인 다이어트 식단이다. 여기에 적절한 육류를 곁들이면 훌륭한 키토제닉 식단이 완성된다. 정갈한 차림새와 맛으로 기억되는 일본식 샐러드를 소개한다.

재료

셀러리 200g
닭다리살 150g
식용유 약간

+마리네이드
다진마늘 1/2t
간장 1t

+드레싱
마요네즈 3T
간장 1t
고추냉이 1/2t
후추 약간

만드는 방법

1. 닭다리살은 끓는 물에 삶아 준비한다.
2. 1을 굵게 찢어 마리네이드 재료로 밑간하고 드레싱은 모든 재료를 잘 섞어 준비한다.
3. 팬에 식용유를 두르고 밑간한 닭다리살을 살짝 볶는다.
4. 3과 어슷 썬 셀러리를 드레싱 재료와 버무려 완성한다.

오이 미역 샐러드
Seaweed Salad with Cucumber

기준	지방	단백질	탄수화물	식이섬유
2인분	3g	6g	2g	5g

오이와 미역은 우리나라에서도 냉국이나 초무침으로 즐겨 먹는 만큼 궁합이 좋다. 갖은양념에 물 대신 가쓰오부시 육수와 참기름을 살짝 더하면 감칠맛 나는 샐러드로 변신한다. 주로 차갑게 먹던 오이와 미역을 따뜻하게 즐겨보자. 물론 냉장고에 넣어 차게 식혀 먹어도 좋다.

재료

건미역 50g
백오이 1/2개
양파 30g
소금 1t

+양념장
알룰로스 1/2T
간장 2T
가쓰오부시 육수 2T
참깨 약간
참기름 약간

만드는 방법

1. 건미역은 끓는 물에 10분간 끓여 불린다.
2. 오이는 링 모양으로 썰고 양파는 채 썰어 소금에 절인 후 헹군다.
3. 양념장 재료를 잘 섞어 1, 2와 함께 버무려 완성한다.

* 가쓰오부시 육수는 82페이지를 참고한다.

카레 마요 샐러드
Curry Mayo Salad

기준	지방	단백질	탄수화물	식이섬유
2인분	7g	3g	4g	7g

샐러드 드레싱 재료로 마요네즈가 등장하면 조금 더 키토제닉한 식단이 된다. 카레와 마요네즈는 잘 어울리는 드레싱 조합 중 하나. 카레의 강한 향을 마요네즈의 부드러움으로 중화시켜주기 때문이다.

재료

쥬키니 호박 70g
파프리카 100g
양파 50g
가지 100g

+드레싱
카레가루 2T
마요네즈 2T
알룰로스 1/2T
식초 3T
간장 1T
다진 쪽파 1T
참기름 약간

만드는 방법

1 모든 채소는 나박하게 썰어 기름 없는 팬에 센불로 구워낸다.
2 드레싱 재료를 잘 섞어 1과 버무려 완성한다.

연두부 샐러드
Silken Tofu Salad

기준	지방	단백질	탄수화물	식이섬유
2인분	7g	10g	3g	3g

일식집에 가면 빼놓지 않고 등장하는 사이드 중 하나가 바로 연두부 샐러드. 두부는 대표적인 고단백 식품으로 다이어트 식단에 빼놓지 않고 등장하는 식재료다. 연두부의 부드러움과 고소한 드레싱의 만남, 아침 메뉴로 추천한다.

재료

연두부 1모
무순 1줌

+드레싱
참깨가루 2T
식초 1T
알룰로스 1/2T
간장 1T
참기름 약간

만드는 방법

1. 드레싱 재료를 잘 섞어 준비한다.
2. 접시에 연두부를 뒤집어 꺼내고 그 위에 무순을 올린다.
3. 1의 드레싱을 끼얹어 완성한다.

TIP
연두부를 꺼낼 때는 연두부 케이스 양쪽을 칼끝으로 살짝 찔러 구멍을 내면 두부의 모양이 깨지지 않는다.

브로콜리 시라에

Japanese Broccoli Salad with Tofu

기준	지방	단백질	탄수화물	식이섬유
2인분	10g	12g	6g	2g

두부는 대표적인 다이어트 식품인 만큼 그 활용도가 무궁무진하다. 브로콜리를 데친 시금치로 대신해도 훌륭한 샐러드가 탄생한다. 톳과 같은 해조류도 으깬 두부와 잘 어울리는 식재료 중 하나로 맛과 건강 모두 챙길 수 있다.

재료

브로콜리 1송이
두부 200g

+양념장
깨소금 1T
알룰로스 1/2T
간장 1T
미소 2T
참기름 약간

만드는 방법

1. 브로콜리는 송이마다 떼서 끓는 소금물에 1분간 데친다.
2. 두부는 도마 위에서 칼등을 이용해 으깬다.
3. 양념장 재료를 잘 섞고 2를 넣어 섞는다.
4. 1의 브로콜리와 3을 잘 버무려 완성한다.

두부 스테이크
Tofu Steak

기준	지방	단백질	탄수화물	식이섬유
2인분	7g	10g	3g	1.5g

일본 음식을 대표하는 오코노미야키나 타코야키의 화룡점정은 마지막에 올라가는 가쓰오부시가 아닐까. 아직 뜨거운 두부 스테이크 위에서 하늘하늘거리는 가쓰오부시를 잠시 감상한 뒤 그 향을 음미해보자.

재료

부침용 두부 1/2모
가쓰오부시 1줌
다진 쪽파 1T
식용유 약간
버터 30g
타피오카 1/2C
소금 1t

+소스
간장 2T
알룰로스 1T
물 2T

만드는 방법

1 부침용 두부는 소금을 뿌려 수분을 닦아낸 후 타피오카 전분을 입힌다.
2 팬에 식용유와 버터를 두르고 전분 입힌 두부를 지진다.
3 소스 재료를 냄비에 넣고 센불에서 2분간 졸인다.
4 3에 소스를 끼얹고 가쓰오부시와 다진 쪽파를 올려 완성한다.

TIP
타피오카는 중앙 아메리카에서 자라는 열대 나무의 뿌리에서 나는 식용 녹말을 미세하게 간 가루. 탄수화물 함유량은 4%로 낮은 편이며 식이섬유를 함유하고 있어 키토식에 다양하게 활용된다. 비타민 B와 철분이 풍부해 영양적 균형을 잡아준다.

오징어 츠케모노
Squid Tsukemono

기준	지방	단백질	탄수화물	식이섬유
2인분	5g	10g	3g	2g

츠케모노란 원래 일본식 절임 음식을 뜻하는데 이 레시피는 츠케모노를 살짝 변형했다. 오징어볶음 양념으로 미소를 활용해 일본 음식 특유의 맛을 낸다. 쫄깃한 오징어와 부드러운 가지의 식감이 조화롭다.

재료

오징어 1마리
가지 1개
다진 쪽파 1T

+양념장
미소 1T
알룰로스 1/2T
간장 1t
다진 마늘 1t
참기름 약간

만드는 방법

1. 오징어는 한입 크기로 잘라 끓는 물에 2분간 데치고 가지는 스틱 모양으로 썰어 준비한다.
2. 식용유를 두른 팬에 1의 가지를 센불에서 3분간 볶는다.
3. 양념장 재료를 잘 섞고 데친 오징어와 볶은 가지를 버무려 완성한다.

일본식 채소국
Japanese Vegetable Soup

기준	지방	단백질	탄수화물	식이섬유
2인분	2g	3g	1.5g	4g

재래시장은 어느 여행지에서도 빼놓지 않고 들르는 필수 코스. 일본의 구로몬 시장에서 가쓰오부시 만드는 장면을 목격한 후, 질 좋은 가쓰오부시에 대한 무조건적인 믿음이 생겼다. 깊은 맛 보장하는 가쓰오부시 육스가 들어간 국 종류를 몇 가지 소개한다.

재료

가쓰오부시 육수 3C
 (뜨거운 물 3C, 가쓰오부시 1/2C)
당근 50g
셀러리 50g
시금치 50g
생강 1t

+양념
간장 1T
소금 1t
혼다시 1t

만드는 방법

1. 뜨거운 물에 가쓰오부시를 넣어 10분간 우려 육수를 낸다.
2. 가쓰오부시 육수에 양념 재료를 모두 넣고 끓인다.
3. 2가 끓으면 채 썬 당근과 셀러리, 시금치를 넣고 2분간 끓여 마무리한다.

TIP
가쓰오부시 육수를 낼 때는 반드시 물이 끓으면 불을 끄고 가쓰오부시를 넣어야 한다. 가쓰오부시를 넣고 가열하면 자칫 비린 맛이 날 수 있다. 가쓰오부시와 뜨거운 물의 비율은 1:5가 적당하다.

돼지고기 미소국
Pork Miso Soup

기준	지방	단백질	탄수화물	식이섬유
2인분	12g	7g	4g	5g

매번 같은 된장찌개나 미소 된장국만 먹어왔다면 이 메뉴에 도전해보자. 풍성한 채소와 삼겹살이 들어가 키토제닉 식단으로 제격이다. 소박한 된장국의 의미 있는 변신이다.

재료

대패삼겹살 70g
곤약 50g
당근 30g
쥬키니 호박 30g
무 50g
대파 30g
다진 마늘 1t

+육수
가쓰오부시 육수 5C
미소 4T
청주 약간

만드는 방법

1. 곤약과 채소는 채 썰고 육수는 모든 재료를 넣고 끓인다.
2. 육수가 끓으면 채 썬 대파와 다진 마늘을 제외한 재료를 모두 넣고 중불에서 10분간 끓인다.
3. 대패삼겹살을 넣고 5분간 더 끓인다.
4. 채 썬 대파와 다진 마늘을 넣고 한소끔 더 끓여 마무리한다.

*가쓰오부시 육수는 82페이지를 참고한다.

생선 뭇국
Fish Radish Soup

기준	지방	단백질	탄수화물	식이섬유
2인분	7g	6g	3g	4g

맑은 생선국이 생각날 때 끓여 먹길 추천한다. 생선 손질에 신경을 쓰지 않아도 되니 더욱 간편하다. 가쓰오부시 육수에 간장과 소금만으로 간을 해도 좋지만 약간의 혼다시를 넣으면 국물의 감칠맛은 더욱 올라갈 것이다.

재료

동태포 200g
무 100g
대파 30g
다진 생강 1t

+국물
가쓰오부시 육수 4C
소금 1t
혼다시 1t
간장 1T

만드는 방법

1. 가쓰오부시 육수에 나박 썬 무를 넣고 푹 끓인다.
2. 무가 익으면 옅은 소금물에 흔들어 씻은 동태포와 다진 생강을 넣고 한소끔 더 끓인다.
3. 어슷 썬 대파와 간장, 혼다시로 간을 맞추어 완성한다.

* 가쓰오부시 육수는 82페이지를 참고한다.

오리고기 메밀국수
Japanese Duck Noodle Soup

기준	지방	단백질	탄수화물	식이섬유
2인분	29g	8g	1g	2g

오리고기에는 몸에 좋은 지방이 많이 함유되어 있어 건강식으로 늘 주목받는다. 좋은 기름을 섭취해야 하는 키토 식단에도 빼놓을 수 없는 식재료가 바로 오리고기. 이 레시피는 탄수화물 함량이 적은 메밀 곤약면을 더한 대표적인 키토제닉 푸드다.

재료

메밀 곤약면 150g
훈제오리 150g
다진 쪽파 4T

+국물
가쓰오부시 육수 4C
간장 2T
혼다시 1/2t

만드는 방법

1. 메밀 곤약면은 끓는 물에 2분간 데쳐 준비한다.
2. 가쓰오부시 육수에 간장과 혼다시를 넣고 한소끔 끓인다.
3. 국물이 끓으면 훈제오리를 넣고 5분간 끓인다.
4. 그릇에 1을 담고 3을 부은 후 다진 쪽파를 올려 완성한다.

*가쓰오부시 육수는 82페이지를 참고한다.

에그드롭 수프
Egg Drop Soup

기준	지방	단백질	탄수화물	식이섬유
2인분	2g	5g	1g	0.5g

우리나라에서도 달걀찜은 언제나 사랑받는 메뉴 중 하나고, 가지가 들어간 스페인식 달걀찜도 소개했지만 일본식 달걀 요리는 또 다르다. 가쓰오부시 육수를 더해 일식 특유의 맛이 살아 있는 수프를 만들어보자.

재료

달걀 2개

+타피오카물
타피오카가루 4T
물 4T

+국물
가쓰오부시 육수 2
혼다시 1t
간장 2T

만드는 방법

1. 가쓰오부시 육수를 끓이다가 간장과 혼다시로 간한다.
2. 1이 끓으면 타피오카물을 넣어 걸쭉한 상태로 만들어준다.
3. 2에 곱게 푼 달걀을 넣은 후 불을 끄고 젓지 않은 그대로 완성한다.

* 가쓰오부시 육수는 82페이지를 참고한다.

TIP
기호에 따라 실파를 곁들여도 좋다.

고등어 미소조림
Saba Misoni(Mackerel Simmered in Miso)

기준	지방	단백질	탄수화물	식이섬유
2인분	10g	9g	3g	2g

고등어는 건강한 지방뿐 아니라 단백질 함량도 높아 키토제닉 식단으로 추천하는 식재료다. 스페인에서 만난 고마운 나의 일본인 친구로부터 전수받은 전형적인 일본의 가정식 반찬을 몇 가지 소개한다. 간편한 식재료와 친숙한 몇 가지 양념으로 누구나 쉽게 만들 수 있다.

재료

캔고등어 1캔
대파 50g
양파 100g

+양념장
미소 2T
간장 1T
알룰로스 1/2T
다진 생강 1t
가쓰오부시 육수 1/2C

만드는 방법

1. 양념장 재료를 잘 섞어 준비한다.
2. 냄비에 어슷 썬 대파와 채 썬 양파를 깔고 캔고등어를 올린다.
3. 2에 1의 양념장을 넣고 뚜껑을 닫아 10분간 끓여 완성한다.

* 가쓰오부시 육수는 82페이지를 참고한다.

매운 가지볶음

Fried Eggplant with Spicy Sauce

기준	지방	단백질	탄수화물	식이섬유
2인분	5g	5g	2g	5g

한국식 가지 나물도 훌륭하지만 지나치게 물컹한 식감 때문에 기피하는 경우가 종종 있다. 이번에 소개할 요리는 가지를 찌지 않고 센불에 볶기 때문에 부드럽지만 쫄깃한 식감으로 즐길 수 있는 일본식 가지 반찬이다.

재료

가지 1개
파채 50g

+양념장
간장 2T
알룰로스 1/2T
식초 2T
다진 마늘 1t
다진 청양고추 2T

만드는 방법

1. 양념장 재료를 잘 섞어 준비한다.
2. 스틱 모양으로 썬 가지를 센불에서 2분간 볶는다.
3. 1의 양념장을 넣어 센불에서 바싹 조려가며 볶는다.
4. 파채를 올려 완성한다.

실곤약볶음
Stir-fried Konjac Noodles & Vegetables

기준	지방	단백질	탄수화물	식이섬유
2인분	7g	2g	0.5g	2g

당면이 들어간 잡채가 생각날 때 강력 추천하는 메뉴다. 실곤약과 미나리가 잡채 부럽지 않은 맛을 내주기 때문. 어른 생신상에 한 접시 올리면 고급스러운 느낌까지 낼 수 있는 효자 메뉴다.

재료

실곤약 200g
홍고추 2개
미나리 100g
참기름 약간
식용유 약간

+양념장
간장 3T
알룰로스 1/2T

만드는 방법

1. 곤약은 끓는 물에 1분간 데치고 양념장은 재료를 잘 섞어 준비한다.
2. 미나리는 길이 4cm로 자르고 홍고추는 4cm로 채 썬다.
3. 팬에 식용유를 두르고 데친 실곤약을 1분간 볶다가 1의 양념장을 넣어 센불로 볶는다.
4. 2의 홍고추와 미나리를 넣고 30초간 볶은 뒤 불을 끈다.
5. 참기름을 넣어 마무리한다.

우엉 깨무침
Burdock Root Salad with Sesame Sauce

기준	지방	단백질	탄수화물	식이섬유
2인분	6g	2g	1g	4g

지방을 많이 섭취하는 키토제닉 식단에서 가장 신경 써야 할 부분은 바로 장 건강이다. 보통 우엉은 볶음으로 조리하지만 살짝 데쳐 무침으로 요리해도 그 식감이 아삭하니 흥미롭다. 고소한 참깻가루를 듬뿍 넣은 우엉 깨무침을 소개한다.

재료

우엉 200g

+양념장
갈은 참깨 4T
알룰로스 1/2T
식초 2T
간장 2T
소금 1t
가쓰오부시 육수 2T

만드는 방법

1. 우엉은 껍질을 벗긴 후 어슷 썰어 찬물에 30분간 담가 탄닌 성분을 제거한다.
2. 끓는 물에 1의 우엉을 1분간 데친 후 건진다.
3. 양념장 재료를 잘 섞어 2의 우엉과 버무린다.

* 가쓰오부시 육수는 82페이지를 참고한다.

부추 달걀 볶음
Chives & Eggs Stir Fry

기준	지방	단백질	탄수화물	식이섬유
2인분	4g	8g	1.5g	5g

향이 좋은 부추와 부드러운 달걀물을 섞어 빠르게 볶아낸 요리다. 늘보리밥이나 곤약밥 위에 올려 일본식 부추덮밥으로 응용해도 좋다.

재료

부추 200g
달걀 2개
참기름 약간

+양념장
가쓰오부시 육수 1/2C
간장 3T
맛술 1T

만드는 방법

1. 양념장 재료와 달걀을 잘 풀어 준비한다.
2. 1에 4cm 길이로 썬 부추를 넣고 잘 섞는다.
3. 2를 센불에서 1분간 볶은 후 참기름을 넣어 마무리한다.

* 가쓰오부시 육수는 82페이지를 참고한다.

일본식 마파두부
Japanese Mapo Tofu

기준	지방	단백질	탄수화물	식이섬유
2인분	17g	9g	2g	3g

오랜 식단 관리에 지쳐 치팅이 필요할 때, 앞으로 소개할 덜 자극적이면서도 멋드러진 일본식 안주와 함께 맥주 한잔으로 스스로를 격려해보자. 일본 하면 또 맥주를 빼놓을 수 없기 때문이다. 일본 직장인들이 퇴근 후 마시는 한잔의 맥주를 나는 감히 그들이 살아가는 이유라 말하고 싶다.

재료

다진 돼지고기 100g
두부 1/2모
다진 홍고추 1T
다진 쪽파 3T
참기름 약간
식용유 약간

+향 재료
다진 마늘 1t, 다진 생강 1t, 다진 대파 1T

+양념장
가쓰오부시 육수 2C
간장 4T
알룰로스 1T
청주 1T

+타피오카물
타피오카가루 4T
물 4T

만드는 방법

1. 양념장은 모든 재료를 잘 섞어 준비한다.
2. 팬에 식용유를 두르고 향 재료를 모두 넣고 30초간 볶아 향이 나면 돼지고기를 넣고 익을 때까지 볶는다.
3. 2에 1과 먹기 좋은 크기로 썬 두부를 넣고 한소끔 끓인다.
4. 타피오카물을 잘 풀어 걸쭉하게 만든다.
5. 홍고추와 다진 쪽파를 넣어 살짝 익힌 후 바로 불을 끄고 참기름을 넣어 마무리한다.

* 가쓰오부시 육수는 82페이지를 참고한다.

닭고기 미소조림
Miso Chicken

기준	지방	단백질	탄수화물	식이섬유
2인분	15g	12g	4g	2g

일본식 닭볶음탕이라 할 수 있다. 고추장을 넣은 한국식과는 달리 미소를 넣어 닭 냄새를 잡아주고 부드러운 맛을 배가 시켜주는 요리다. 큰 부담 없이 편안한 맛으로 즐길 수 있는 닭고기요리다.

재료

볶음탕용 닭 1/2마리
다진 쪽파 1T
참기름 약간
식용유 약간

+밑간
소금 약간
후추 약간
청주 1t
다진 생강 1t

+양념장
미소 2T
간장 1T
알룰로스 1T
청주 1T
가쓰오부시 육수 1C

만드는 방법

1. 닭은 밑간 재료를 잘 섞어 20분간 재우고, 양념장 재료를 잘 섞어 준비한다.
2. 팬에 식용유를 두르고 밑간한 닭을 겉면이 노릇해지도록 지진다.
3. 2에 양념장을 넣고 뚜껑을 닫아 15분간 끓인다.
4. 뚜껑을 열어 센불에서 국물을 조리다가 참기름을 넣어 마무리한다.

*가쓰오부시 육수는 82페이지를 참고한다.

일본식 소고기 볶음
Japanese Beef Stir Fry

기준	지방	단백질	탄수화물	식이섬유
2인분	18g	13g	3g	5g

한국식 불고기와 견줄 만한 일본식 불고기라 할 수 있다. 양념에 와인이 들어가 깊은 풍미와 함께 색다른 느낌으로 즐길 수 있어 손님 초대상에 올려도 좋은 메뉴로 추천한다.

재료

불고기용 소고기 200g
양파 100g
표고버섯 2개
청경채 2송이
숙주 100g
실파 약간
참기름 약간
식용유 약간

+양념장
레드와인 3T
간장 2T
미소 1T
다진마늘 1t
후추 약간

만드는 방법

1. 소고기는 한입 크기로 썰고 양파는 채 썰고 표고버섯은 편으로 썬다.
2. 양념장은 모든 재료를 잘 섞어 준비한다.
3. 팬에 식용유를 두르고 양파를 30초간 볶아 향이 올라오면 고기와 표고버섯을 넣고 볶는다.
4. 3에 양념장을 넣고 센불에서 볶는다.
5. 청경채와 숙주, 실파를 넣고 살짝 볶은 뒤 참기름을 넣어 마무리한다.

야끼도리
Yakitori

기준	지방	단백질	탄수화물	식이섬유
2인분	15g	11g	5g	2g

일본의 대표 꼬치 요리다. 대파와 닭다리살을 번갈아 끼워 간장 양념에 조리면 근사한 하나의 요리가 된다. 영양 만점 간식이나 한 끼 식사, 술안주로도 손색이 없는 초간단 야끼도리를 소개한다.

재료

닭다리살 200g
대파 2대
물에 불린 대나무꼬치 3개
식용유 약간

+밑간
소금 1/2t
후추 약간
참기름 약간

+양념
간장 4T
알룰로스 2T
청주 2T
가쓰오부시 육수 4T

만드는 방법

1 닭다리살은 한입 크기로 잘라 밑간 재료에 20분간 재운다.

2 불린 대나무 꼬치에 밑간한 닭다리살과 3cm 길이로 자른 대파를 번갈아 끼운다.

3 냄비에 양념 재료를 모두 넣고 센불에서 거품이 올라올 때까지 끓인다.

4 팬에 식용유를 두르고 2를 앞뒤로 굽는다. 닭다리살이 절반 이상 익으면 3을 발라가며 센불로 조리듯 익혀서 완성한다.

* 가쓰오부시 육수는 82페이지를 참고한다.

TIP
대나무꼬치는 물에 불려 사용해야 타는 걸 방지할 수 있다.

일본식 오징어 볶음
Japanese Squid Stir Fry

기준	지방	단백질	탄수화물	식이섬유
2인분	7g	8g	3g	4g

고추, 고춧가루를 넣은 한국식 오징어 볶음은 고추장 때문에 키토식으로 적합하지 않다. 이럴 때 간장으로 맛을 낸 일본식 오징어 볶음으로 아쉬움을 달래보자. 오징어는 칼집을 내면 간이 더욱 잘 배겠지만 어렵거나 귀찮을 땐 링으로 썰거나 스틱 모양으로 썰어도 무방하다.

재료

껍질 벗긴 오징어 1마리
죽순 100g
홍고추 2개
청피망 1/2개
건표고 2개
다진 쪽파 1T
참기름 약간
식용유 약간

+ 양념장
다진 마늘과 다진 생강 각각 1t
간장 2T
혼다시 1t
알룰로스 1/2T

만드는 방법

1. 홍고추와 청피망, 죽순은 스틱 모양으로, 건표고는 편으로 썰어 준비한다.
2. 오징어는 껍질 반대편에 곱게 일자 칼집을 내고 가로로 눕혀 먹기 좋은 크기로 포 뜬다.
3. 양념장 재료는 잘 섞어 준비한다.
4. 팬에 식용유를 두르고 2의 오징어를 센불에서 1분간 볶다가 준비한 재료를 넣고 1분간 더 볶는다.
5. 3의 양념장을 넣고 센불에서 수분 없이 볶아내고 참기름을 넣어 마무리한다.

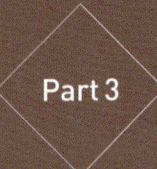

한식으로 맛보는 키토제닉

KETO KOREAN RECIPES

단순하게,
키토제닉

　오랜 해외생활을 마치고 한국으로 돌아왔다. 친구들은 하나 둘 결혼을 했거나 안정된 커리어우먼이 되어 있었지만 귀국 후 내 모습은 한마디로 처참했다. 평생 모은 돈은 유학 자금과 생활비로 바닥나 있었고 나이는 서른이 훌쩍 넘은 후였으며 싸구려 영양크림 한번 발라보지 못했던 빈곤한 외국생활 탓에 외모는 그야말로 비수기 상태였으니까.

　분명 목적이 있는 유학이었지만 돌아오니 일자리 찾기도 쉽지 않았고 거울 속 내 모습은 초라할 정도로 까칠했다. 고작 몇 년을 벗어나 있던 한국에 빠르게 적응해나가는 자체만으로도 힘이 들던 시절이었다.

　얼마나 더 긴 시간이 흘러야 팔순의 할머니가 될 수 있을까. 일, 사랑, 살아가는 모든 것에 쉼표가 아닌 마침표를 찍을 수 있는 그 성스러운 시간은 언제쯤 내게 허락될까. 숨이 차오를 때까지 뜀박질하지 아니하고 감정노동으로 눈물 지을 일 없는, 꿈이 없어도 불안하거나 부끄럽지 않을 그런 팔순의 할머니가 하루빨리 될 수만 있다면. 오늘 밤이 지나 내일 아침이 밝아오면 백발이 성성한 채 아무것도 바랄 것 없이 웃고 있는 팔순의 노파가 진정 되고 싶던 시간들이었다.

그러나 주저할 수는 없다. 안주할 수도 없다. 무엇이라도 해야 옳다. 그렇지 않으면 자존심이 상해 견딜 수가 없다. 그래서 초심으로 돌아가고자 시작한 한식 공부. 사실 뼛속 깊이 한국인인지라 언제나 한식에 대한 자부심이 넘쳐났다. 그 자부심을 행동으로 보이고 싶었기에 개성 분이셨던 스승님으로부터 북도 음식을, 전주 종갓집이었던 외가에선 남도 음식을 전수받았다.

해답은 간단했다. 다시 처음으로 돌아와 한식 공부를 시작한 것. 이따금 여러 문제로 답답할 때면 '단순하게'를 외친다. 식단도 마찬가지다. 키토제닉은 우리 몸에 꼭 필요한 아주 명쾌한 해답과도 같다. 키토 한식은 복잡하고 바쁜 일상을 살아가는 모두에게 권하고 싶다.

키토 고추장
Korean Keto Chilli Paste

기준	지방	단백질	탄수화물	식이섬유
100g	2g	8g	4g	2g

탄수화물 함유량이 높고 단맛이 강해 키토식으로 추천할 수 없는 한국의 고추장. 지금 소개하는 키토 고추장은 그러한 문제점을 보완해줄 뿐만 아니라 여러 요리에 활용도가 높고 만들기도 간편하다. 키토제닉을 결심했다면 미리 만들어두기를 추천한다.

재료

현미풀
(현미 찹쌀가루 3T
물 300ml)
고운 고춧가루 200g
알룰로스 100g
청국장가루 70g
꽃소금 1T
화이트와인 2T
물 100ml

만드는 방법

1. 현미풀 재료를 거품기로 저어가며 끓인다.
2. 1에 남은 재료를 모두 넣고 잘 섞는다.
3. 냉장고에서 일주일간 숙성해 완성한다.

키토 떡
Keto Rice Cake

기준	지방	단백질	탄수화물	식이섬유
2인분	6g	1g	25g	1g

쫄깃한 식감에 달큰한 맛. 떡을 사랑하는 사람들을 위한 키토제닉 떡 레시피를 공개한다. 탄수화물 함량은 적고 식이섬유가 풍부한 타피오카로 반죽해 칼로리는 낮추고 영양은 더한 기특한 레시피다.

재료

타피오카 200g
꽃소금 3g
뜨거운 물 100g

만드는 방법

1 타피오카에 꽃소금을 넣고 뜨거운 물로 익반죽한다.

2 반죽이 한 덩어리로 뭉쳐지면 랩을 씌워 실온에서 1시간 숙성한다.

3 숙성된 반죽을 가래떡 모양으로 길게 늘려 알맞은 크기로 자른다.

4 끓는 물에 3을 넣고 떠오를 때까지 끓인 뒤 건져내 찬물에 담가 온기를 뺀다.

5 참기름을 발라 완성한다.

키토 어묵
Keto Fishcake

기준	지방	단백질	탄수화물	식이섬유
2인분	25g	20g	12g	3g

어묵은 다양한 생선살을 양념해 튀겨내는 음식으로 키토제닉 푸드로 추천할 만하다. 다만 유해한 각종 첨가물의 위협으로부터 벗어나기 위해, 직접 만들어 먹는 방법을 소개한다. 어묵 반죽을 잘 뭉치게 하기 위해 필요한 재료 역시 타피오카.

재료

- 동태포 200g
- 냉동 새우 100g
- 냉동 오징어 200g
- 양파 70g
- 달걀 1개
- 소금 1T
- 알룰로스 1T
- 후추 약간
- 튀김유 3C
- 아몬드가루 150g
- 타피오카 50g

만드는 방법

1. 믹서에 잘게 자른 동태포, 새우, 오징어, 양파와 달걀, 소금, 알룰로스, 후추를 넣고 곱게 간다.
2. 아몬드가루와 타피오카를 1과 함께 반죽한다.
3. 완성된 반죽을 한 수저씩 뜨거나 깻잎으로 감싼다.
4. 160℃ 기름에 완성된 3의 어묵 반죽을 넣고 6~7분간 튀겨 완성한다.

TIP
튀김 온도는 160℃가 적당하지만 전용 튀김 기구가 없는 가정에서 온도를 체크하는 가장 좋은 방법은 콩알만큼의 반죽을 떼서 기름에 넣어 보는 것. 반죽이 냄비 바닥에 가라앉았다가 4~5초 후 떠오르면 적당하다.

키토 떡볶이
Keto Stir-fried Rice Cake

기준	지방	단백질	탄수화물	식이섬유
2인분	15g	20g	10g	4g

고추장과 떡, 어묵까지 만들었다면 다음 순서는 이미 정해져 있다. 바로 한국인의 소울 푸드 떡볶이. 키토 떡과 키토 어묵에 키토 고추장으로 양념장을 만들고 각종 채소를 더해 맛깔스러운 키토제닉 떡볶이를 즐겨보자. 탄수화물 덩어리였던 떡볶이의 키토제닉한 변화가 시작된다.

재료

키토 떡 200g
키토 어묵 150g
삶은 달걀 2개
대파 50g
깻잎 30g

+양념장
키토 고추장 2T
고운 고춧가루 2T
멸치 육수 2C
멸치 액젓 1T
소금 1t
다진 마늘 1t
통깨 약간

만드는 방법

1. 대파는 송송 썰고 깻잎은 채 썰어 준비한다.
2. 양념장 재료를 잘 섞어 냄비에 넣고 끓인다.
3. 양념장이 끓으면 준비한 재료를 모두 넣고 끓여 완성한다.

키토 어묵 전골
Keto Fishcake Hot Pot

기준	지방	단백질	탄수화물	식이섬유
2인분	12g	10g	8g	3g

어묵은 활용도 높은 식재료 중 하나다. 우선 떡볶이와 찰떡궁합이고 그 자체로도 볶음과 탕으로 훌륭한 메뉴가 완성되는 식재료다. 버섯과 대파 등 여러 가지 채소를 더해 전골로 끓여내면 근사한 비주얼의 요리가 완성된다.

재료

키토 어묵 200g
느타리 버섯 70g
팽이 버섯 50g
표고버섯 70g
미나리 50g
대파 30g
건새우 육수 3C

+양념장
키토 고추장 1T
굵은 고춧가루 1T
알룰로스 1t
다진마늘 1/2T
꽃소금 1T
멸치 액젓 1t

만드는 방법

1. 버섯은 먹기 좋은 크기로 자르고 미나리는 4cm 길이로, 대파는 어슷 썰어 준비한다.
2. 양념장 재료를 잘 섞어 준비한다.
3. 냄비에 1을 돌려 담고 건새우 육수와 양념장을 넣고 끓여 완성한다.

TIP

건새우 육수는 중불에서 20~30분간 끓여 준비한다. 비린맛을 날리기 위해 뚜껑을 열고 끓인다. 이때 다시마 한 조각을 넣어 함께 우리면 감칠맛이 살아난다. 건새우와 물의 비율은 1:5로 잡는 게 가장 좋다.

우삼겹 숙주 냉채

Mungbean Salad with Beef Brisket

기준	지방	단백질	탄수화물	식이섬유
2인분	27g	15g	2g	2.5g

귀국 후 금세 자리 잡아 내 삶을 꾸릴 수 있었던 이유는 나의 엄마. 엇나가지 않고 반듯하게 자라도록 나를 다잡아주었던 존재. 우리 엄마가 좋아하는, 오래 내 곁에 계시며 드시기를 바라는 마음에 정리한 메뉴를 소개한다. 평생 탄수화물에 빠져 사셨을 우리네 부모님들이 드셨으면 하는 마음이다. 탄수화물 없이도 맛있는 한끼를 드실 수 있도록 구성해보았다.

재료

우삼겹 150g
숙주 100g
깻잎 150g
느타리 100g
미나리 100g
홍고추 2개
소금 약간
후추 약간
식용유 약간

+소스
연겨자 1T
알룰로스 1T
꽃소금 1t
간장 1/2T
식초 3T
참기름 약간

만드는 방법

1. 깻잎은 얇게 채 썰고 숙주는 끓는 물에 30초간, 느타리버섯은 얇게 찢어 1분간, 미나리는 4cm 길이로 잘라 30초간 데쳐 준비한다.

2. 홍고추는 얇게 채 썰어 약간의 식용유를 넣고 센불에서 볶아 준비한다.

3. 우삼겹은 약간의 소금과 후추를 넣고 센불에서 볶아 준비한다.

4. 접시에 1~3의 재료를 보기 좋게 돌려 담고 소스 재료를 잘 섞어 곁들인다.

이북식 닭백숙
North Korean Whole Chicken Soup

기준	지방	단백질	탄수화물	식이섬유
2인분	20g	35g	8g	5g

이북이 고향이셨던 요리 스승님께서 가끔 몸보신 삼아 해주셨던 감사한 음식. 쪽파나 부추를 닭육수에 살짝 데쳐 닭과 함께 간장 양념장에 푹 찍어 먹을 때의 느낌은 사치스러울 정도로 충만했다. 탄수화물을 줄인 건강한 고지방, 고단백 요리인 이북식 닭백숙을 소개한다.

재료

토종닭 1마리
쪽파 100g
부추 100g

+육수
통마늘 50g
생강 30g
황기 1줄

+양념장
간장 2T
다진 부추 3T
고춧가루 1T
알룰로스 1/2T
들기름 1T
다진 마늘 1t
통깨 약간

만드는 방법

1 끓는 물에 토종닭과 육수 재료를 넣고 중불에서 40분간 끓인다.
2 닭을 건져내고 국물에 쪽파와 부추를 데친다.
3 양념장 재료를 잘 섞어 곁들인다.

잣국수
Korean Pine Nut Noodles

기준	지방	단백질	탄수화물	식이섬유
1인분	12g	6g	4g	1g

잣은 키토인들에게 빼놓을 수 없는 고마운 식재료다. 양질의 지방이 풍부한 완전 식품으로, 가끔 고급 한식이 그리울 때 사용하는 식재료로 추천한다. 혹은 부모님이나 은사님처럼 감사한 어르신들께 대접해도 좋을 만한 키토 메뉴를 찾는다면 잣을 활용해보자.

재료

잣 200g
닭 육수 500ml
메밀 곤약면 200g
오이채 약간
소금 1t

만드는 방법

1 믹서에 잣과 닭 육수, 소금을 넣고 곱게 갈아 체에 내린다.
2 끓는 물에 메밀 곤약면을 2분간 데쳐 준비한다.
3 완성 그릇에 2의 메밀 곤약면과 오이채를 올린 후 1을 부어 완성한다.

TIP
닭 육수는 120쪽의 이북식 닭백숙을 끓인 육수로 대체한다.

곤약 우엉 잡채
Stir-fried Konjac Noodles with Burdock Root

기준	지방	단백질	탄수화물	식이섬유
2인분	7g	8g	2g	2g

잔칫상에 빠질 수 없는 잡채. 부모님 생신날 대접해도 좋을 만한 한국식 키토 잡채를 소개한다. 당면 대신 메밀 곤약면을 사용해 향이 좋은 우엉과 함께 볶아낸다. 부모님의 장수를 바라는 마음으로 정성스레 만들어보자.

재료

메밀 곤약면 200g
우엉 150g
소고기 안심 100g
청고추 50g
홍고추 50g
간장 1t
식용유 약간
참기름 약간
통깨 약간

+밑간
간장 1t
다진 마늘 1/2t
후추 약간

+양념장
간장 3T
알룰로스 1T

만드는 방법

1. 소고기 안심은 채 썰고 밑간 재료를 잘 섞어 재운다.
2. 우엉은 채 썰어 찬물에 30분간 담가 탄닌 성분을 제거한다.
3. 청고추, 홍고추는 채 썰어 준비한다.
4. 메밀 곤약면은 끓는 물에 2분간 데치고 양념장은 잘 섞어 준비한다.
5. 팬에 식용유를 두르고 우엉과 4의 양념장을 센불에서 졸이듯이 볶다가 밑간한 소고기와 데친 곤약면을 넣어 마저 볶는다.
6. 고기가 익으면 청고추, 홍고추를 넣고 바로 불을 끈 후 약간의 참기름을 넣어 완성한다.

양배추 동치미
Cabbage Water Kimchi

기준	지방	단백질	탄수화물	식이섬유
4인분	0.5g	2g	3g	7g

물김치가 생각날 때 양배추를 이용해 간단히 만들어보자. 당뇨 환자들이 먹는 당분인 뉴슈가를 사용해 감칠맛을 더한다. 알맞게 익혀 차게 먹으면 십년 묵은 체증이 내려갈 정도로 시원한 맛이 난다. 천연 사이다라 불릴 정도의 청량함을 즐기고 싶다면 이 메뉴를 강력 추천한다. 여기에 실곤약을 살짝 데쳐 말아 먹으면 동치미 국수가 된다.

재료

양배추 150g
콜라비 70g
실파 30g
홍고추 30g
통마늘 30g
통생강 10g
굵은소금 1T

+국물 양념
생수 500ml
소금 2T
뉴슈가 1/2t

만드는 방법

1. 양배추와 콜라비는 한입 크기로 잘라 굵은 소금에 30분간 절인 후 헹군다.
2. 실파는 4cm 길이로 자르고 홍고추는 어슷 썰고 마늘과 생강은 편 썰어 준비한다.
3. 통에 모든 재료를 담고 국물 재료를 잘 섞어 붓는다.
4. 실온에서 4~5일 숙성 후 냉장 보관한다.

키토 김밥
Keto Gimbap

기준	지방	단백질	탄수화물	식이섬유
1인분	10g	12g	2g	2g

쿠킹클래스 셰프로, 각종 기업 초빙 강사로 정신없이 일하며 살다 보면, 어느 순간 허해진다. 남부러울 것 없는 커리어라지만 결혼이나 출산과 육아 같이 인생의 과제처럼 남아 있는 문제들로 복잡해질 때면 우선 예쁘고 맛있게, 건강하게 차려 먹는다. 나만의 몇 가지 단골 레시피를 소개한다.

재료

김밥용 김 1장
달걀 3개
배추김치 1장
오이 30g
깻잎 2장
파프리카 30g
풋고추 1개
대패삼겹살 50g
식용유 약간
소금 약간
참기름 약간
통깨 약간

만드는 방법

1 달걀은 잘 풀어 소금을 넣고 얇은 지단으로 부치고 대패삼겹살은 구워서 준비한다.

2 지단과 오이, 파프리카는 채 썰고 풋고추는 반으로 갈라 준비한다.

3 김에 곱게 채 썬 지단을 깔고 그 위에 깻잎, 물에 씻은 배추김치를 넓게 펴고 나머지 재료들을 올려 말아준다.

4 참기름을 바르고 통깨를 뿌려 완성한다.

치즈 꼬마 김밥
Mini Keto Cheese Gimbap

기준	지방	단백질	탄수화물	식이섬유
1인분	15g	10g	5g	2g

밥 없는 김밥을 달걀 지단으로 달랬다면 이번엔 치즈로 달래볼 차례다. 밥 대신 치즈를 깔고 꼬마 김밥처럼 재료를 차례로 올려 말아보자. 최고의 키토 식재료 중 하나인 치즈의 또 다른 변신이다.

재료

김밥용 김 1장
슬라이스 치즈 4장
시금치 분량
달걀 1개
우엉 50g
당근 50g
소금 약간
참기름 약간
통깨 약간

+시금치 양념
소금 약간
참기름 약간

+우엉 양념
간장 1T
알룰로스 1t

만드는 방법

1. 달걀은 잘 풀어 소금을 넣고 얇게 지단을 부쳐 준비한다.
2. 채 썬 우엉은 찬물에 30분 담근 뒤 우엉 양념 재료를 넣어 센불로 볶고, 채 썬 당근은 약간의 소금을 넣어 볶는다.
3. 시금치는 끓는 물에 30초간 데쳐 찬물에 헹궈 물기를 뺀 후 시금치 양념 재료를 넣고 무친다.
4. 김을 1/4로 잘라 치즈를 올리고 준비한 재료들을 올려 말아준다.
5. 참기름을 바르고 통깨를 뿌려 완성한다.

곤약 비빔국수
Spicy Konjac Noodles

기준	지방	단백질	탄수화물	식이섬유
1인분	6g	5g	1g	1g

가끔 비빔국수가 간절하다. 매콤하고 개운한 맛의 비빔국수는 한국인이라면 가끔 찾는 별미 중 별미니까. 밀가루 섭취가 불가한 키토인들을 위해 실곤약으로 대체한 비빔국수를 소개한다. 삼겹살 몇 장 구워 함께 곁들이는 상상만 해도 즐거운 메뉴다.

재료

실곤약 200g
오이 50g
깻잎 30g
삶은 달걀 1/2개

+양념장
키토 고추장 1T
알룰로스 1/2T
다진 마늘 1/2t
식초 1/2t
통깨 약간

만드는 방법

1. 곤약은 끓는 물에 2분간 데쳐 식힌다.
2. 오이와 깻잎은 채 썰어 준비한다.
3. 양념장 재료를 잘 섞어 식힌 곤약을 넣고 버무린다.
4. 그릇에 3을 담고 2와 삶은 달걀을 올려 완성한다.

두부 콩국
Cold Tofu Soybean Soup

기준	지방	단백질	탄수화물	식이섬유
1인분	8g	12g	2g	1g

콩국수는 여름철 계절 메뉴로 1년에 한 두 번은 꼭 찾게 되는 음식이다. 초간단 콩국을 만들어 국수 대신 곤약을 넣어보자. 영양은 물론, 맛까지 잡아주는 힐링 푸드가 완성된다.

재료

찌개용 두부 1/2모
무설탕 두유 1C
통깨 2T
소금 1t
곤약 100g
오이채 30g
깨소금 약간

만드는 방법

1. 곤약과 두부는 끓는 물에 2분간 데치고 데친 곤약은 채 썰어 준비한다.
2. 오이는 채 썰어 준비한다.
3. 믹서에 데친 두부와 두유, 통깨, 소금을 넣고 곱게 간다.
4. 채 썬 곤약에 3을 붓고 2와 깨소금을 올려 완성한다.

늘보리밥과 소고기 강된장
Boiled Barley Rice with Beef Soybean Paste

	기준	지방	단백질	탄수화물	식이섬유
늘보리밥	1인분	1g	12g	17g	2g
강된장	1인분	12g	10g	3g	2g

탄수화물 함량 17%에 빛나는 늘보리는 키토인들이 꾸준히 찾는 식재료다. 밥이 그리울 때 늘보리만으로 부드럽게 밥을 지어 각종 키토 반찬들과 한상 차려 먹는 상상만으로도 기분이 좋아진다. 이때 추천하는 반찬 중 하나는 강된장. 다른 반찬 필요 없이 풍성한 한 상이 될것이다.

재료

+늘보리밥
불린 늘보리 1C
물 1.5C

+강된장
다진 소고기 50g
으깬 두부 100g
쥬키니 호박 50g
양파 50g
표고버섯 50g
대파 30g
다진 마늘 20g
된장 3T
보리 씻은 물 3T
고춧가루 1t
들기름 2T

만드는 방법

1 불린 늘보리 1컵과 물 1.5컵을 넣어 전기밥솥에 늘보리밥을 짓는다.
2 호박, 양파, 표고버섯, 대파는 채 썰고 두부는 으깨서 준비한다.
3 냄비에 들기름을 두르고 다진 마늘과 다진 소고기를 볶는다.
4 고기가 익으면 1을 넣고 볶다가 보리 씻은 물을 넣는다.
5 된장과 고춧가루를 넣어 잘 섞어가며 조려 완성한다.

돼지껍데기 무침

Pork Rinds Salad

기준	지방	단백질	탄수화물	식이섬유
2인분	35g	20g	12g	3g

남자는 세계를 정복하고 여자는 그 남자를 요리로 정복한다는 스페인 속담이 있다. 요리를 전공한 건 스페인이었지만, 내 뿌리는 한국이고 한식은 앞으로의 한국을 이끌어갈 최후의 보루라고 생각한다. 전형적인 한식이지만 키토제닉 식단으로도 손색없는 몇 가지 요리를 소개한다.

재료

돼지껍데기 200g
깻잎 약간
통깨 약간
참기름 약간

+삶기
물 1L
생강 50g
양파 100g

+양념장
키토 고추장 1T
고춧가루 2T
간장 1T
알룰로스 1/2T
다진 마늘 1/2T
다진 청양고추 1T
청주 1T

만드는 방법

1. 양념은 모든 재료를 잘 섞어 준비한다.
2. 냄비에 삶기 재료와 돼지껍데기를 넣고 20분간 삶은 뒤 먹기 좋은 크기로 잘라 준비한다.
3. 깻잎은 채 썰어 준비한다.
4. 1과 2를 볶다가 참기름을 넣어 마무리하고 채 썬 깻잎과 통깨를 올려 마무리한다.

족발
Keto Braised Pork Feet

기준	지방	단백질	탄수화물	식이섬유
2인분	45g	65g	3g	5g

이 레시피를 참고한다면, 생각보다 쉽게 족발을 만들 수 있다. 시중에 판매하는 족발은 당분을 많이 넣어 키토인들에게 적합하지 않으니 건강한 당분인 알룰로스를 넣어 나만의 키토 족발을 만들어보자.

재료

미니족 1kg

+초벌 삶기
물 1L
된장 1T
대파 1대

+재벌 삶기
물 1L
간장 1/2C
청주 1/2C
알룰로스 3T
노두유 3T
통후추
생강 50g
매운 건고추 50g
황기 30g

만드는 방법

1. 미니족은 찬물에서 한시간 동안 핏물을 빼고 초벌 삶기 재료로 30분간 삶는다.

2. 미니족을 재벌 삶기 재료에 넣고 한 시간 정도 삶다가 양념이 없어질 때까지 조린다.

3. 먹기 좋은 크기로 잘라 완성한다.

TIP
기호에 따라 부추나 새우젓을 곁들인다.

키토 파전
Keto Seafood & Green Onion Pancake

기준	지방	단백질	탄수화물	식이섬유
2인분	14g	6g	9g	6g

비 오는 날 생각나는 해물파전. 밀가루를 먹을 수 없다는 이유로 포기할 수 없는 메뉴 중 하나다. 밀가루 없이 아몬드가루로 더욱 부드러운 파전을 만들 수 있으니 아쉬울 일 없다. 과정도 간단하니 도전해보자.

재료

쪽파 150g
냉동 새우 50g
오징어 100g
홍고추 1개
청양고추 1개
식용유 약간

+반죽
아몬드가루 1C
물 1/2C
달걀 1개
소금 1t

만드는 방법

1. 반죽은 모든 재료를 잘 섞어 준비한다.
2. 오징어와 새우는 먹기 좋은 크기로 썰고 홍고추와 청양고추는 링 모양으로 썰어 준비한다.
3. 팬에 식용유를 두르고 쪽파를 깔고 1의 반죽을 2/3 붓는다.
4. 2를 올리고 나머지 반죽을 부어 앞뒤로 노릇하게 익힌다.

낙지 초국
Octopus & Cucumber Soup with Vinegar

기준	지방	단백질	탄수화물	식이섬유
2인분	7g	10g	3g	5g

오이 냉국보다 더 영양가 있는 냉국을 찾는다면 낙지 초국을 추천한다. 낙지에 들어 있는 어마어마한 스테미너와 영양이 쇠력해진 기운을 되돌려줄 것이다.

재료

낙지 1마리
오이 50g
홍고추 1개

+국물
식힌 다시마 육수 2C
소금 1t
알룰로스 1T
식초 2T
통깨 약간

만드는 방법

1 다시마 육수에 나머지 국물 재료를 넣어 섞는다.
2 낙지는 대가리에 든 내장을 제거해 손질하고 끓는 물에 1분간 데친다.
3 데친 낙지를 4cm 길이로, 오이는 채 썰고 청양고추는 작게 어슷 썰어 준비한다.
4 그릇에 3을 담고 1의 국물을 부어 완성한다.

TIP

다시마 육수를 낼 때는 뜨거운 물에 건다시마를 1시간 가량 담가둔다. 다시마를 넣고 가열하면 자칫 해조류 특유의 비린 맛이 수 있나. 이때 건다시마와 물의 비율은 1:5가 적당하다.

키토 육전
Keto Pan-fried Battered Beef

기준	지방	단백질	탄수화물	식이섬유
2인분	15g	12g	5g	2g

소고기는 키토인들에게 빠질 수 없는 식재료. 늘 같은 조리법으로 섭취해 질렸다면 당당히 육전을 부쳐보자. 역시 밀가루 대신 아몬드가루를 사용한다면 제 아무리 전이라 할지라도 키토인들에게 아주 좋은 식단이 된다.

재료

육전용 소고기 200g
달걀 3개
아몬드가루 1/2C
후추 약간
소금 약간

+대파 무침
대파 70g
고춧가루 1/2T
알룰로스 1/2T
식초 3T
소금 1t
통깨 약간

만드는 방법

1. 고기에 소금과 후추를 뿌려 밑간하고 달걀은 잘 풀어 준비한다.
2. 대파 무침은 대파를 반으로 갈라 심지를 제거하고 겉부분만 곱게 채 썰고 나머지 재료와 잘 섞어 양념한다.
3. 밑간한 고기에 아몬드가루와 달걀물을 입힌다.
4. 3을 앞뒤로 지져 익히고 대파 무침을 곁들인다.

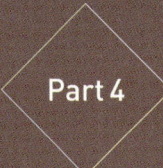

중식으로 배우는 키토제닉

KETO CHINESE RECIPES

중식,
키토제닉 코스 요리를
즐기는 방법

　대만 지우펀에 도착하면 마을 초입에서부터 수많은 인파로 인산인해를 이룬다. 그도 그럴 것이, 미야자키 하야오 감독의 애니메이션 〈센과 치히로의 행방불명〉의 모티브가 된 장소로 알려지며 국내뿐 아니라 전 세계적인 관광지로 이미 유명세를 떨치는 곳이기 때문이다.

　지우펀의 아름다움은 밤이 되어야 진가를 발휘한다. 마을 입구에서부터 시작되는 야시장은 노점 식당 특유의 분위기로 정겹고, 갖가지 먹음직스러운 음식은 지나가는 관광객들의 발걸음을 붙잡는다. 대만 특유의 향신료 내음이 가득한 골목골목의 풍경에 취할 때쯤, 아름다운 홍등가가 눈에 들어와 매력적인 분위기는 한껏 고취된다.

　복잡하고 좁은 골목길 계단을 차례로 오르다보면 영화 〈비정성시〉 속 양조위를 마주칠 것만 같은 기대감마저 부풀어오른다. 그렇게 걷다보면 '아메이'라는 찻집이 나오는데, 영화 속 여주인공의 이름이자, 영화의 중요한 배경이 되는 놓쳐서는 안 될 미장센 중 하나. 그 시간쯤 골목길 뒤로 석양이 지던 모습은 아직도 잊을 수 없는 여행 속 한 장면이다.

훌륭한 풍경이 영화의 한 장면이 되어 내게 남았고, 수많은 음식들이 그 모습과 향으로 나를 자극하니, 이제 먹으며 대만을 즐길 차례. 나는 중식의 전채 요리에 해당하는 냉채부터 먹으며 본격 식도락 여행을 시작했다.

건두부냉채
Chilled Dried Tofu Salad

기준	지방	단백질	탄수화물	식이섬유
2인분	7g	15g	3g	7g

냉채는 각종 채소와 육류, 해산물에 어울리는 소스를 곁들여 입맛을 돋구는 음식. 중국집에서 코스 요리를 먹을 때 빼놓지 않고 등장한다. 탄수화물 함량이 적기 때문에 키토제닉 식단으로도 안성맞춤. 앞으로 소개하는 냉채 몇 가지를 잘 익혀두면, 키토제닉도 코스 요리로 즐길 수 있다.

재료

포두부 100g
새우 50g
오이 100g
당근 50g
적양배추 70g
굵게 다진 땅콩 약간

+소스
간장 2T
식초 3T
알룰로스 1T
참기름 1t
고추기름 1t
다진 마늘 1/2t
다진 대파 1/2T

만드는 방법

1. 포두부는 굵게 채 썰어 끓는 물에 1분간 데친 후 식힌다.
2. 새우는 소금물에 씻어 끓는 물에 3분간 데친다.
3. 오이, 당근, 적양배추는 포두부와 같은 굵기로 채 썰어 준비한다.
4. 소스는 모든 재료를 잘 섞어 1~3과 함께 버무린다.
5. 굵게 다진 땅콩을 올려 완성한다.

해파리냉채
Chilled Jellyfish Salad

기준	지방	단백질	탄수화물	식이섬유
2인분	5g	7g	1.5g	5g

흔히 겨자소스에 버무리는 한국식 해파리 냉채가 아닌 마늘소스로 개운하게 즐기는 중국식 해파리 냉채에 도전해보자. 오랜 시간 키토식에 지친 미각에 생기가 돋아날 것이다.

재료

염장 해파리 200g
오이 100g
레몬 슬라이스 1쪽

+소스
굵게 다진 마늘 1T
굵게 다진 홍고추 1T
식초 3T
알룰로스 1T
소금 1t
참기름 약간

만드는 방법

1. 염장 해파리에 묻은 소금을 대충 털어내고 끓는 물에 30초간 데친 후 찬물에 30분간 담근다.
2. 오이는 채 썰고 소스는 모든 재료를 잘 섞어 준비한다.
3. 해파리의 물기를 털어내고 2의 소스와 버무린다.
4. 그릇에 3을 담고 채 썬 오이와 레몬 슬라이스를 올려 완성한다.

닭가슴살냉채
Chilled Chicken Breast Salad

기준	지방	단백질	탄수화물	식이섬유
2인분	6g	10g	2g	5g

다이어트 필수 식재료인 닭가슴살을 좀 더 색다르게 즐기고 싶을 때 제격인 메뉴다. 고지방 식단을 지켜야 하는 키토인들에게 최적의 레시피를 소개하기 위해 소스에 땅콩버터를 더한다.

재료

닭가슴살 150g
적양배추 70g
오이 50g
홍고추 30g
통마늘 2톨
대파 20g
양파 50g

+소스
연겨자 1t
소금 1t
알룰로스 1/2T
간장 1T
땅콩버터 1T
식초 3T
고추기름 1/2T
참기름 1t

만드는 방법

1. 닭가슴살은 양파 한 쪽을 넣고 20분간 삶아 결대로 찢는다.
2. 각종 채소는 곱게 채 썰고 소스는 모든 재료를 잘 섞어 준비한다.
3. 찢은 닭가슴살과 2를 모두 넣고 버무려 완성한다.

목이버섯무침
Wood Ear Fungus Salad

기준	지방	단백질	탄수화물	식이섬유
2인분	5g	4g	1g	1g

나무에 붙어사는 귀 모양의 목이버섯은 식이섬유가 풍부해 고지방식을 즐기는 키토인들에게 없어서는 안 될 중요한 영양소를 함유한 식재료다. 몸에 좋아 먹고는 싶지만 마땅한 조리법을 몰랐던 키토인들에게 강력 추천하는 중국식 반찬이다.

재료

불린 목이버섯 150g
셀러리 70g
당근 30g
마늘 2톨

+소스
간장 2T
치킨 파우더 1t
알룰로스 1/2T
참기름 1t
소금 약간

만드는 방법

1. 불린 목이버섯은 뭉친 부분을 떼내고 잎만 준비한다.
2. 셀러리, 당근, 마늘은 곱게 채 썰고 소스는 모든 재료를 잘 섞어 준비한다.
3. 소스 재료와 1, 2를 함께 넣고 버무려 완성한다.

포두부무침
Tofu Skin Salad

기준	지방	단백질	탄수화물	식이섬유
2인분	12g	10g	2g	1g

얇은 종이 형태의 포두부는 단백질은 물론 양질의 지방까지 함유한 고마운 식재료다. 한국에서는 마라탕이나 마라샹궈에 넣어 먹는 게 전부지만 사실 중국 동북지역에선 건두부를 고추기름에 버무려 먹는 포두부 무침을 즐긴다. 직접 만든 고추기름에 고소한 참기름을 넣어 버무린 포두무 무침 역시 밥 반찬으로 추천하고 싶다.

재료

포두부 200g
식용유 2T
고춧가루 2T

+소스
고추기름 2T
참기름 1/2T
치킨 파우더 1t
알룰로스 1/2T
간장 1T

만드는 방법

1 포두부는 굵게 채 썰어 끓는 물에 1분간 데친다.
2 뜨겁게 달군 식용유를 고춧가루에 부어 고추기름을 만든다.
3 2의 고추기름과 소스 재료를 잘 섞어 준비한다.
4 3에 채 썬 포두부를 무쳐 완성한다.

중국식 연두부 샐러드
Chinese Silken Tofu Salad

기준	지방	단백질	탄수화물	식이섬유
2인분	5g	7g	1.5g	1g

중국 동북지역에서 특히 많이 먹는 두부 요리. 매번 같은 두부 요리에 지쳤을 때 초간단 중국식 연두부 샐러드에 도전해보자. 조리할 필요가 없어 더욱 즐겨 만드는 메뉴가 될것이다.

재료

연두부 1모
다진 쪽파 1T
굵게 다진 땅콩 1T

+소스
간장 1T
알룰로스 1/2T
다진마늘 1t
후춧가루 약간

만드는 방법

1. 소스는 재료를 잘 섞어 준비한다.
2. 접시에 연두부를 뒤집어 꺼내고 그 위에 소스와 다진 쪽파, 굵게 다진 땅콩을 올려 완성한다.

TIP
연두부를 꺼낼 때는 연두부 케이스 양쪽을 칼끝으로 살짝 찔러 구멍을 내면 두부의 모양이 깨지지 않는다.

중국식 땅콩조림
Chinese Glazed Peanut

기준	지방	단백질	탄수화물	식이섬유
2인분	12g	10g	2g	2g

우리나라에 콩자반이 있다면 중국엔 땅콩조림이 있다. 보통 생땅콩으로 하지만 고소한 맛을 원한다면 볶은 땅콩으로 해도 무방하다. 건강한 양질의 지방으로 가득한 땅콩으로 만드는 색다른 느낌의 콩조림 메뉴다.

재료

땅콩 100g
셀러리 50g
대파 50g
팔각 2개

+소스
물 1C
간장 3T
소금 1t
치킨 파우더 1t

만드는 방법

1. 셀러리와 대파는 2cm 길이로 썬다.
2. 냄비에 1과 나머지 재료를 모두 넣고 센불에서 10분간 끓여 완성한다.

토마토 달걀 볶음
Stir-Fried Tomato & Scrambled Eggs

기준	지방	단백질	탄수화물	식이섬유
2인분	6g	12g	3g	4g

키토제닉의 가장 큰 장점 중 하나가, 기름기 많은 볶음 요리를 섭취할 수 있다는 것 아닐까? 기름에 지글지글 볶아내면 어떤 재료도 맛이 풍성해지는데, 상큼한 토마토와 담백한 달걀이 의외로 잘 어울린다. 맛있고 포만감 있는 다이어트 음식으로 가장 추천하고 싶다.

재료

토마토 200g
달걀 3개
다진 쪽파 2T
다진 마늘 1T
식용유 약간

+소스
물 1/2C
치킨 파우더 1t
토마토 소스 1T
알룰로스 1t
후춧가루 약간

만드는 방법

1. 달걀은 곱게 풀고 토마토는 깍뚝 썰어, 소스는 모든 재료를 잘 섞어 준비한다.
2. 팬에 식용유를 두르고 곱게 푼 1의 달걀을 스크램블드에그로 만들어 따로 준비한다.
3. 식용유 두른 팬에 다진 마늘을 볶다가 향이 나면 1의 토마토를 넣어 볶는다.
4. 토마토가 익으면 섞어둔 소스를 넣고 센불에서 끓인다.
5. 소스가 줄어들면 2의 스크램블드에그를 넣고 섞는다.
6. 다진 쪽파를 올려 마무리한다.

중국식 가지볶음
Stir-fried Eggplant

기준	지방	단백질	탄수화물	식이섬유
2인분	6g	6g	2g	3g

가지는 중국에서도 사랑받는 채소다. 뜨거운 기름에 재빨리 익혀내는 중국 요리의 특성은 각종 가지 요리의 겉은 바삭하게, 속은 촉촉하게 완성한다. 주로 돼지고기를 곁들여 먹는 중국식 가지 요리는 맛과 영양이 풍부하다.

재료

다진 돼지고기 70g
가지 1개
다진 생강 1t
다진 마늘 1t
참기름 약간
타피오카 전분 1/3C
튀김유 1/2C

+소스
치킨 스톡 1/2C
간장 2T
두반장 1/2T
알룰로스 1/2T
다진 청홍고추 1T

+전분물
타피오카 2T
물 2T

만드는 방법

1. 가지는 4cm 길이의 스틱 모양으로 잘라 타피오카 전분을 묻힌다.
2. 튀김유에 전분 묻힌 1의 가지를 센불로 3분간 지진다.
3. 소스는 재료를 잘 섞어 준비한다.
4. 팬에 식용유를 두르고 다진 생강과 마늘을 볶다가 향이 나면 돼지고기를 넣고 볶는다. 고기가 익으면 2의 가지와 소스를 넣고 센불에서 끓인다.
5. 전분물을 넣어 걸쭉한 상태로 만들고 참기름을 둘러 마무리한다.

지삼선

Di San Xian(Potatoes, Eggplants & Peppers)

기준	지방	단백질	탄수화물	식이섬유
2인분	6g	7g	1g	7g

단수이는 대만 타이베이 중심지에서 가장 빨리 바다를 만날 수 있는 곳, 우리나라로 치면 인천 같은 도시다. 규모가 조금 작을 뿐 해변에 떠 있는 배와 노점 식당이 즐비한 야시장 덕에 제법 바다 분위기를 느낄 수 있는 관광지다. 친구 추천으로 방문한 단수이 맛집에서 즐긴 음식들을 소개한다. 하나같이 중식 특유의 맛과 향이 물씬 느껴지는 메뉴들이다.

재료

가지 100g
쥬키니 호박 70g
붉은 파프리카 50g
참기름 약간
튀김유 1/2C

+소스
간장 1/2T
굴소스 1/2T
두반장 1T
알룰로스 1/2T
다진 마늘 1t
후춧가루 약간

만드는 방법

1. 가지, 호박, 붉은 파프리카는 한입 크기로 썰고 소스는 모든 재료를 잘 섞어 준비한다.

2. 팬에 준비한 튀김유의 반을 두르고 가지와 호박을 센불에서 3분간 튀기듯이 지진다.

3. 가지와 호박을 건지고 남은 튀김유 반을 두른 팬에 파프리카를 센불에서 1분간 튀기듯이 지진다.

4. 익힌 채소를 센불에서 짧게 볶다가 소스를 넣고 물기 없이 조려 완성한다.

경장육슬
Jing Jiang Rou Si

기준	지방	단백질	탄수화물	식이섬유
2인분	9g	12g	3g	5g

춘장에 짜게 볶은 고기를 중국식 전병이나 포두부에 채소와 함께 싸 먹는 요리다. 중국에서는 고수가 필히 들어가지만 그 맛이 부담스러울 땐 셀러리, 당귀, 미나리, 깻잎 등으로 대체 가능하다. 키토식 필수 재료인 고기와 장을 보호해줄 각종 채소의 만남, 건강한 요리다.

재료

포두부 200g
소고기 70g
대파 50g
오이 50g
붉은 파프리카 50g
셀러리 50g
다진 마늘 1t
참기름 약간
식용유 약간

+소스
춘장 2T, 간장 1t,
청주 1t, 알룰로스 1/2T

만드는 방법

1 포두부는 싸 먹기 좋은 크기로 잘라 끓는 물에 살짝 데친다.

2 소고기와 모든 채소는 채 썰고 소스는 모든 재료를 잘 섞어 준비한다.

3 식용유 두른 팬에 다진 마늘을 볶다가 향이 나면 소고기를 넣고 익힌다.

4 3에 소스를 넣고 물기 없이 볶다가 불을 끄고 참기름을 둘러 마무리한다.

5 채 썬 채소와 볶은 고기를 보기 좋게 담고 포두부를 곁들여 완성한다.

빵빵지
Bon Bon Chicken

기준	지방	단백질	탄수화물	식이섬유
2인분	12g	10g	3g	4g

알맞게 익은 닭가슴살을 쭉쭉 찢어 대파, 오이와 함께 땅콩버터소스에 버무려 먹는 중국 요리다. 채소의 상큼함과 땅콩버터의 고소함, 닭가슴살의 담백함이 완벽한 하모니를 이룬다. 키토식도 맛있게 먹을 수 있다는 걸 이 요리 하나로 깨닫게 될 것이다.

재료

닭가슴살 200g
대파 70g
오이 70g
양파 50g

+소스
땅콩버터 1T
알룰로스 1t
식초 2T
간장 1t
굴소스 1t
두반장 1/2T
고추기름 2T
참기름 약간

만드는 방법

1. 닭가슴살은 양파 한 쪽을 넣고 10분간 삶아 결대로 찢는다.
2. 대파는 반으로 갈라 속대를 빼내고 겉부분만 채 썰어 준비한다.
3. 오이는 씨를 제거하고 채 썰어 준비한다.
4. 소스는 모든 재료를 잘 섞어 준비한다.
5. 접시에 1~3을 보기 좋게 담고 소스를 끼얹어 완성한다.

회과육

Hui Guo Rou (Twice Cooked Pork)

기준	지방	단백질	탄수화물	식이섬유
2인분	73g	46g	12g	5g

'고기가 솥에서 나와 솥으로 돌아간다'는 뜻의 회과육은, 삶은 삼겹살을 각종 채소와 함께 춘장에 볶아내는 요리다. 키토인들에게 제격인 삼겹살을 색다른 방식으로 즐기고 싶을 때 도전해보길 추천한다.

재료

이베리코 삼겹살 150g
홍고추 30g
청피망 30g
죽순 20g
양파 50g + 20g
대파 20g
마늘 30g
건고추 10g
식용유 약간
참기름 1t

+소스

고추기름 1T
간장 1T
춘장 2T
굴소스 1t
알룰로스 1/2T
후추 약간

만드는 방법

1. 모든 채소는 직사각형 모양으로 썰고 마늘은 두툼하게 반으로 잘라 준비한다.
2. 삼겹살은 한입 크기로 잘라 양파 한 쪽(50g)을 넣고 5분간 삶아 익힌다.
3. 소스는 모든 재료를 잘 섞어 준비한다.
4. 식용유 두른 팬에 양파, 대파, 마늘, 건고추를 볶아 향을 낸다.
5. 삼겹살과 소스를 넣고 센불에서 볶는다.
6. 홍고추, 청피망, 죽순을 넣고 살짝 볶은 뒤 참기름을 둘러 마무리한다.

궁보계정
Kung Pao Chicken

기준	지방	단백질	탄수화물	식이섬유
2인분	15g	17g	5g	6g

키토인들에게 양질의 지방이 가득한 견과류를 즐기길 권하지만 매번 같은 견과류를 같은 방식으로 먹기엔 질리기 마련. 이때 견과류를 넣은 중국요리를 추천한다. 색다른 느낌의 견과류를 맛보고 싶을 때 도전해도 좋을 만한 음식이다. 캐슈넛을 듬뿍 넣은 닭볶음 요리, 궁보계정을 소개한다.

재료

닭다리살 200g
캐슈넛 50g
죽순 30g
홍고추 30g
청피망 30g
노랑 파프리카 30g
셀러리 30g
표고버섯 50g
다진 마늘 1t
다진 생강 1t
식용유 약간
참기름 1t

+밑간
소금 약간, 후추 약간, 달걀 1개,
타피오카 전분 1T

+소스
고추기름 1T, 청주 1T, 간장 1/2T, 알룰로스 1t, 굴소스 1T,
후춧가루 약간

만드는 방법

1 죽순은 살짝 데치고 표고버섯, 홍고추, 청피망, 노랑 파프리카, 셀러리는 편 썰어 준비한다.

2 닭다리살은 한입 크기로 잘라 밑간 재료에 버무리고 소스는 모든 재료를 잘 섞어 준비한다.

3 팬에 식용유를 두르고 다진 마늘과 다진 생강을 볶아 향이 나면 밑간한 닭다리살을 넣고 익힌다.

4 닭다리살이 익으면 1의 채소와 캐슈넛을 넣고 센불에서 1분간 볶는다. 채소가 익으면 소스를 넣고 센불에서 물기 없이 볶다가 참기름을 넣어 마무리한다.

후추 소고기볶음
Beef & Pepper Stir-fry

기준	지방	단백질	탄수화물	식이섬유
4인분	12g	9g	4g	2g

굴소스와 스리라차소스로 감칠맛과 매콤함을 동시에 잡은 소고기 볶음 요리다. 마지막에 듬뿍 뿌리는 후추가 포인트인데, 느끼한 소고기 요리도 자꾸 먹게 되는 마성의 메뉴다.

재료

소고기 안심 150g
홍고추 50g
청피망 50g
양파 70g
마늘 30g
참기름 약간

+밑간
소금 약간, 후추 약간, 달걀 1개, 타피오카 전분 1T

+소스
물 1/2C, 굴소스 1T, 알룰로스 1t, 간장 1/2T, 스리라차 1T

+전분물
타피오카 1T, 물 1T

만드는 방법

1 소고기는 한입 크기로 저며 밑간 재료에 재우고 소스는 모든 재료를 잘 섞어 준비한다.

2 홍고추, 청피망, 양파는 길쭉하게 썰고 마늘은 두툼하게 반으로 잘라 준비한다.

3 기름을 넉넉히 두른 팬에 밑간한 소고기를 익힌다.

4 소고기가 부드럽게 익으면 양파와 통마늘을 넣고 살짝 볶다가 준비한 소스를 넣어 센불에서 볶는다.

5 청피망과 홍고추를 넣고 전분물을 넣어 농도를 맞춘다.

6 참기름을 넣고 불을 끄고 후추를 듬뿍 뿌려 완성한다.

사천식 새우볶음
Szechuan Shrimp Stir Fry

기준	지방	단백질	탄수화물	식이섬유
2인분	12g	10g	3g	2.5g

한국인들이 좋아하는 새우는 어떻게 먹어도 맛있지만 특별한 날 좋은 사람들과 한 번쯤 도전해볼 만한 키토식이다. 레몬의 상큼함이 자칫 느끼할지도 모를 요리에 생기를 넣어준다.

재료

새우 12마리
노랑 파프리카 30g
홍고추 30g
청피망 30g
대파 20g
양파 30g
건고추 10g
레몬 20g
식용유 3T
참기름 약간

+밑간
소금 약간, 후추 약간, 달걀 1/2개, 타피오카 전분 1T

+소스
물 1T, 간장 1T, 알룰로스 1/2T, 식초 1T, 스리라차 1T, 굴소스 1t, 후춧가루 약간

만드는 방법

1 모든 채소는 채 썰고 레몬은 얇은 링 모양으로 썰어 준비한다.
2 새우는 밑간 재료에 재우고 소스는 모든 재료를 잘 섞어 준비한다.
3 팬에 식용유를 두르고 밑간한 새우를 익혀 따로 둔다.
4 팬에 식용유를 두르고 채 썬 채소와 링으로 썬 레몬을 넣어 센불로 볶는다.
5 채소가 살짝 익으면 소스를 넣고 센불에서 물기 없이 볶는다.
6 익은 새우를 넣어 살짝 볶다가 참기름을 넣고 마무리한다.

돼지고기 볶음국수
Stir-fried Pork & Noodles

기준	지방	단백질	탄수화물	식이섬유
2인분	9g	12g	2g	1g

화려하고 매혹적인 중식의 매력에서 쉽게 헤어나오기 힘들지만, 중국음식 하면 면 요리 또한 빼놓을 수 없다. 다양한 면 종류와 소스의 조합은 다채로운 맛과 식감을 선사한다. 다만, 키토인들을 위해 면을 실곤약으로 대체한 레시피를 소개한다.

재료

다진 돼지고기 70g
실곤약 150g
다진 대파 1T
다진 마늘 1t
다진 생강 1t
건고추 20g
다진 쪽파 약간
고추기름 1T

+소스
굴소스 1/2T, 두반장 1/2T, 간장 1T, 알룰로스 1/2T, 후추 약간, 참기름 약간

만드는 방법

1 실곤약은 끓는 물에 1분간 데치고 소스는 모든 재료를 잘 섞어 준비한다.

2 팬에 고추기름을 두르고 다진 대파, 마늘, 생강, 건고추를 넣어 볶는다.

3 향이 올라오면 돼지고기를 넣고 볶는다.

4 데친 실곤약과 준비한 소스를 넣고 센불에서 물기 없이 볶는다.

5 다진 쪽파를 듬뿍 올려 완성한다.

토마토 치킨국수
Tomato Chicken Noodle

기준	지방	단백질	탄수화물	식이섬유
2인분	7g	12g	2g	2g

늘 밀가루를 그리워하는 키토인. 그래서일까? 특히나 국수를 좋아하는 한국인들에게 때로 키토식은 참으로 잔인한 식단이 아닐 수 없다. 다행히 대체할 만한 실곤약이 있어 유용하다. 국수처럼 얇고 가느다란 실곤약 면은 국수에 대한 갈증을 해소해줄 것이다.

재료

토마토 200g
닭가슴살 150g
실곤약 150g
양파 50g
숙주 30g
건표고 1개
쪽파 10g

+국물
닭육수 2C
치킨 파우더 1t
소금 1T

만드는 방법

1. 실곤약은 끓는 물에 1분간 데친다. 닭가슴살은 양파 한 쪽을 넣고 20분간 삶아 고기와 육수를 분리한다.
2. 쪽파는 다지고, 토마토는 깍둑 썰고, 표고는 편 썰고, 익은 닭가슴살은 결대로 찢는다.
3. 닭가슴살을 삶은 육수(닭육수 2C)에 토마토, 건표고, 익은 닭가슴살, 나머지 국물 재료를 넣고 끓인다.
4. 그릇에 숙주를 깔고 데친 실곤약을 올린 후 4를 붓는다.
5. 다진 쪽파를 올려 완성한다.

단단면
Dandan Noodles

기준	지방	단백질	탄수화물	식이섬유
2인분	9g	7g	2g	2g

국수를 많이 먹는 중화 문화권은 다양한 형태의 국수가 존재한다. 그중에서도 다진 고기와 각종 채소를 어우러지게 볶은 단단면은 중국을 대표하는 볶음국수라 할 수 있다. 이번 국수 메뉴 역시 면은 실곤약으로 대신한다.

재료

다진 돼지고기 80g
실곤약 150g
숙주 30g
오이 10g
쪽파 20g
다진 마늘 1t
다진 생강 1t
참기름 약간
식용유 약간

+소스
물 1C
간장 2T
알룰로스 1t
치킨 파우더 1t
노두유 1t
스리라차 1T

+전분물
타피오카 4T
물 4T

만드는 방법

1. 실곤약은 끓는 물에 1분간 데치고 소스는 모든 재료를 잘 섞어 준비한다.
2. 오이는 채 썰고 쪽파는 송송 썬다.
3. 팬에 식용유를 두르고 다진 마늘과 생강을 볶다가 향이 나면 돼지고기를 넣고 익힌다.
4. 준비한 소스를 넣고 끓으면 숙주를 넣어 살짝 익힌다.
5. 전분을 풀어 걸쭉한 상태가 되면 참기름을 넣고 불을 끈다.
6. 접시에 데친 실곤약을 담고 5를 올린 후 취향에 따라 쪽파 혹은 오이를 올려 완성한다.

매콤 볶음국수
Spicy Stir Fired Noodles

기준	지방	단백질	탄수화물	식이섬유
2인분	9g	5g	3g	3g

매콤한 스리라차 소스를 넣은 볶음 국수다. 여기에 달걀 스크램블을 올려 부드러움을 더했다. 만약 지방의 구성을 높이고 싶다면 스크램블할 때 버터를 추가해보자. 제대로 된 키토식이 완성될 것이다.

재료

달걀 2개
실곤약 150g
냉동새우 50g
양배추 100g
당근 30g
홍고추 30g
쪽파 30g
다진 마늘 1t
다진 생강 1t
참기름 약간
식용유 약간

+소스

물 1/2C
간장 1T
굴소스 1T
노두유 1t
알룰로스 1t
스리라차 1T

만드는 방법

1. 실곤약은 끓는 물에 1분간 데치고 소스는 모든재료를 잘 섞어 준비한다. 홍고추와 양배추와 당근은 4cm 길이로 채 썰고 쪽파는 4cm 길이로 썬다.

2. 팬에 달걀을 깨트려 스크램블드에그를 만들어 따로 둔다.

3. 팬에 식용유를 두르고 다진 마늘과 생강을 볶다 향이 나면 새우를 넣고 익힌다.

4. 새우가 익으면 데친 실곤약과 양배추, 당근을 넣고 볶다가 준비한 소스를 넣고 센불에서 물기 없이 볶는다.

5. 쪽파와 홍고추, 참기름을 넣고 마무리한다. 접시에 스크램블드에그, 후추를 올려 완성한다.

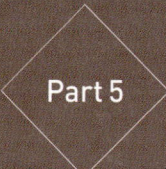

동남아 요리로 즐기는 키토식

KETO ASIAN RECIPES

타이 푸트도
키토제닉하게

　내 생애 첫 해외 여행지는 태국이었다. 대학 졸업 후 취업한 회사에서 연수 삼아 보내줬던 방콕과 파타야. 20대 초반, 아직은 나이도 입맛도 성숙하지 못했던 데다 당시엔 동남아 음식이라면 쌀국수도 생소하던 때였다. 그저 촌스러운 입맛의 내가 현지 태국 음식이 좋았을 리 만무. 똠얌꿍은 하드코어였고 대부분의 음식에 들어 있던 고수에선 샴푸향이 나는 듯했다.

　생애 첫 해외여행이라는 설렘이 무색할 만큼 열흘 일정이었던 태국에서의 시간은 고난의 연속으로 다가왔다. 한국에서 가져간 컵라면까지 바닥을 보이자 생존까지 위협받는 기분이었다. 첫 해외여행이라며 꿈에 부풀어 있었는데, 남들에겐 낙원 같은 여행지라던데, 이곳에서 아사하는 건 아닐지 심히 걱정되었다.

　버티다가 내 나름의 여행 방식을 찾았다. 땀 흘려 도시 곳곳을 누비며 태국을 체험해보는 것. 무더운 날씨에 열심히 발품을 팔다보면 허기가 질 것이고 그렇다면 살기 위해서라도 무엇인가를 먹게 되겠지 싶었다.

　예상은 적중했다. 습한 무더위 속에서 방콕에 있는 왕궁을 돌아다니다보니 심신이 지치기 시작한 것. 화려한 태국의 왕궁과 무더위에 지쳐 굶주린 내 모습이 묘한 대조를 이루며 왠지 초라하게 느껴지기 시작했다. 설마 모든 태국음식에서 샴

푸향이 나거나 모든 요리가 하드코어급은 아니겠지. 절박한 심정으로 들어간 현지 음식점에서 나는 진정한 타이의 맛을 느낄 수 있었고 며칠간 외면했던 타이 퀴진의 정수를 맛보며 그 경이로운 맛의 세계에 빠져들게 되었다.

그 기억을 되살려 키토식으로 변형한 몇 가지 타이 음식을 소개하고자 한다.

태국식 연어 샐러드
Thai Salmon Salad

기준	지방	단백질	탄수화물	식이섬유
2인분	22g	17g	7g	4g

동남아 요리 하면 가장 먼저 떠오르는 태국음식. 꼬릿한 향의 피쉬소스 때문에 처음에는 낯설게 느껴지겠지만 풍부한 감칠맛을 선사하는 이 소스의 매력에 빠지면 헤어나올 길이 없다. 지금부터 소개하는 태국식 샐러드, 김치 같은 쏨땀, 다양한 볶음 요리를 키토식으로 즐겨보자.

재료

훈제연어 150g
통마늘 20g
청양고추 15g
홍고추 15g
셀러리 30g
쪽파 20g
레몬 약간

+소스
피쉬소스 1T
알룰로스 1T
식초 2T
소금 1/2t

만드는 방법

1 셀러리는 어슷하게, 마늘은 얇게 편 썰고 청양고추, 홍고추와 쪽파는 잘게 다진다.

2 소스는 모든 재료를 잘 섞어 준비한다.

3 한입 크기로 자른 훈제 연어와 준비한 채소를 소스에 버무려 완성한다.

실곤약 팟타이
Pad Thai with Konjac Noodles

기준	지방	단백질	탄수화물	식이섬유
2인분	17g	9g	2g	4g

'태국을 볶다'라는 뜻을 가진 팟타이는 태국을 대표하는 볶음 쌀국수다. 우리나라 떡볶이, 순대처럼 길거리에서 가볍게 먹을 수 있는 길거리 음식인 팟타이는 매콤한 맛과 달콤짭짤한 맛이 어우러진 게 특징. 키토인들은 쌀국수 대신 실곤약을, 단맛을 내는 설탕 대신 알룰로스를 넣어 맘껏 즐겨보도록 하자.

재료

실곤약 150g
숙주 30g
부추 30g
달걀 1개
굵게 다진 마늘 1t
건고추 15g
식용유 약간

+소스
파쉬소스 2T
알룰로스 1/2T
굴소스 1/2T
물 1T

만드는 방법

1. 실곤약은 끓는 물에 1분간 데쳐 준비하고 달걀은 약간의 소금을 넣어 잘 풀고 부추는 4cm 길이로 썬다.
2. 소스는 모든 재료를 잘 섞어 준비한다.
3. 팬에 식용유를 두르고 풀어둔 달걀을 넣고 스크램블드에그를 만들어 따로 둔다.
4. 팬에 식용유를 두르고 마늘과 건고추를 볶다가 향이 나면 끓는 물에 살짝 데친 실곤약을 넣어 1분간 볶는다.
5. 소스를 넣어 센불에서 물기 없이 볶다가 숙주를 넣고 30초간 볶는다. 준비한 스크램블드에그와 부추를 올려 마무리한다.

태국식 새우 커리
Thai Shrimp Curry

기준	지방	단백질	탄수화물	식이섬유
2인분	12g	9g	3g	4g

커리는 한 끼 식사로 손색이 없는 대표적인 한 그릇 음식이다. 숭덩숭덩 썰어 넣은 감자, 당근, 양파가 들어간 평범한 커리가 아닌 색다른 느낌의 커리를 먹고 싶다면 강력 추천하는 메뉴다. 코코넛밀크가 들어가 지방 함량이 높은 대표적인 키토제닉 푸드다.

재료

대하 3마리
냉동 새우 3마리
쪽파 30g
빨강 파프리카 50g
달걀 1개
코코넛밀크 2C
고형 카레 40g
식용유 약간

만드는 방법

1. 파프리카와 쪽파는 4cm 길이로 채 썬다.
2. 식용유 두른 팬에 대하와 냉동 새우를 익혀 따로 둔다.
3. 2의 팬에 쪽파와 파프리카를 볶다가 코코넛밀크를 넣는다.
4. 코코넛 밀크가 끓으면 고형 카레를 넣고 풀어준다.
5. 카레가 녹으면 익혀둔 2의 새우를 넣고 곱게 푼 달걀을 넣어 마무리한다.

태국식 돼지고기볶음
Thai Pork Chop

기준	지방	단백질	탄수화물	식이섬유
2인분	18g	12g	3g	3g

바질과 함께 돼지고기를 볶아 덮밥으로 먹는 이 요리는 태국인들이 사랑하는 메뉴다. 쌀밥을 먹을 수 없는 키토인이라면 늘보리밥이나 곤약밥 위에 올려 먹길 추천한다.

재료

다진 돼지고기 150g
양파 50g
쪽파 20g
청양고추 30g
홍고추 30g
바질 20g
달걀 1개
다진 마늘 1t
다진 생강 1t
식용유 1T

+소스
간장 1/2T
피쉬소스 1T
굴소스 1t
알룰로스 1t
물 1T

만드는 방법

1 양파, 쪽파, 청양고추, 홍고추는 잘게 다지고 소스는 모든 재료를 잘 섞어 준비한다.

2 식용유 두른 팬에 다진 양파, 마늘, 생강을 볶다가 향이 나면 돼지고기를 넣고 익힌다.

3 고기가 익으면 소스를 넣어 물기 없이 볶는다.

4 다진 청양고추와 홍고추를 넣고 살짝 볶는다.

5 바질을 뜯어 넣은 후 바로 불을 꺼 완성한다.

콜라비 쏨땀
Kohlrabi Som Tam

기준	지방	단백질	탄수화물	식이섬유
2인분	6g	2g	3g	7g

파파야로 만드는 쏨땀은 한국의 김치처럼 동남아 사람들에게 빼놓을 수 없는 메뉴다. 다만 한국에서는 파파야를 구하기 힘들어, 콜라비를 활용한다. 채 썬 콜라비와 피쉬소스를 버무려 한국식 쏨땀에 도전해보자. 파파야 못지않은 풍미와 식감에 매료될 것이다.

재료

콜라비 200g
당근 30g
토마토 50g
건고추 15g
마늘 10g

+소스
피쉬소스 2T
식초 2T
알룰로스 1T
소금 1/2t

만드는 방법

1. 콜라비와 당근은 곱게 채 썰고 토마토는 깍뚝 썰어 준비한다.
2. 절구에 1의 토마토와 건고추, 마늘을 넣고 으깬다.
3. 소스는 모든 재료를 잘 섞어 준비한다.
4. 모든 재료와 소스를 잘 버무려 완성한다.

얌운센

Yam Woon Sen

기준	지방	단백질	탄수화물	식이섬유
2인분	5g	4g	1g	2g

태국식 당면 샐러드인 얌운센은 새우와 각종 채소를 버무려 먹는 음식이다. 면이 들어가 풍성한 포만감을 자랑하는데, 당면을 멀리해야 하는 키토인이라면 실곤약으로 대체한 얌운센에 도전해보길 권한다.

재료

실곤약 150g
냉동 새우 30g
양파 30g
셀러리 30g
빨강 파프리카 20g
노랑 파프리카 20g

+소스
다진 홍고추 1T
다진 마늘 1t
레몬즙 3T
피쉬소스 2T
칠리 페이스트 1T
알룰로스 1T

만드는 방법

1. 양파, 셀러리, 파프리카는 채 썰고 소스는 모든 재료를 잘 섞어 준비한다.
2. 냉동 새우와 실곤약은 각각 끓는 물에 1분간 데친 후 식힌다.
3. 채 썬 채소와 데친 실곤약, 새우를 준비한 소스에 버무려 완성한다.

TIP
기호에 따라 고수를 곁들이면 더 풍부한 향의 얌운센을 즐길 수 있다.

모닝글로리볶음
Stir-Fried Morning Glory

기준	지방	단백질	탄수화물	식이섬유
2인분	12g	20g	7g	6g

엄마와 함께 떠났던 여행이어서일까. 순박하고 친절한 사람들, 한류 열풍과 축구의 영향으로 한국인에게는 우호적이었던 베트남 사람들이 좋아서일까. 베트남은 유독 그리운 여행지 중 하나다. 왠지 친근하게 다가오는 동남아 국가 베트남에서 거부감 없이 먹을 수 있는 몇 가지 메뉴를 소개한다.

재료

공심채 200g
건고추 10g
마늘 30g
식용유 약간

+소스
간장 1/2T
굴소스 1T
피쉬소스 1/2T
알룰로스 1/2T

만드는 방법

1 공심채는 줄기와 잎을 분리하여 4cm 길이로, 건고추는 굵직하게, 마늘은 편으로 썰어 준비한다.

2 소스는 모든 재료를 잘 섞어 준비한다.

3 팬에 식용유를 두르고 마늘과 건고추를 볶아 향을 낸다.

4 향이 나면 공심채 줄기를 넣고 센불에서 1분간 볶는다.

5 소스를 넣고 마저 볶은 후 공심채 잎을 넣은 뒤 불을 꺼 뒤적거리며 잔열로 익혀 마무리한다.

포두부 월남쌈
Vietnamese Spring Rolls with Tofu Skin

기준	지방	단백질	탄수화물	식이섬유
2인분	25g	20g	5g	8g

라이스 페이퍼 때문일까. 월남쌈은 키토인들에겐 멀리해야 할 메뉴 중 하나다. 라이스 페이퍼만 아니라면 풍성한 채소와 고기를 함께 즐길 수 있기에 이것만 한 키토식도 없을 텐데. 그러나 아쉬워만 할 수는 없다. 라이스 페이퍼 대신 포두부를 곁들이면 그만이다. 고소하고 담백한 포두부에 싸 먹는 키토 전용 월남쌈을 소개한다.

재료

포두부 200g
붉은 파프리카 50g
노랑 파프리카 50g
당근 30g
셀러리 30g
적양배추 50g
양파 30g
우겹살 70g
소금 약간
후추 약간

+소스
땅콩버터 1T
알룰로스 1t
식초 2T

만드는 방법

1. 모든 채소는 채 썰고 우삼겹은 소금, 후추를 뿌려 팬에서 센 불로 볶아낸다.
2. 소스는 모든 재료를 잘 섞어 준비한다.
3. 끓는 물에 포두부를 데쳐 1, 2와 함께 낸다.

반쎄오
Bánh xèo

기준	지방	단백질	탄수화물	식이섬유
2인분	18g	7g	4g	4g

밀가루 전병에 볶은 고기와 해물, 채소를 넣어 먹는 베트남 음식이다. 키토식에 매우 적절하지만 밀가루 전병이 맘에 걸린다면 아몬드가루와 타피오카 반죽으로 만든 키토 전병을 추천한다. 보다 낮은 함량의 탄수화물로 맛있고 부드러운 반쎄오를 맛볼 수 있다.

재료

채 썬 양파 30g
냉동 새우 50g
우겹살 70g
숙주 30g
식용유 약간

+ 볶음 소스
다진 마늘 1T, 간장 1T, 굴소스 1T, 알룰로스 1t, 후추 약간

+ 반죽
아몬드가루 1컵, 타피오카 2T, 달걀 1개, 코코넛밀크 1/2C, 카레가루 1T

+ 느억맘소스
파쉬소스 1T, 식초 2T, 알룰로스 1/2T, 물 1T, 다진 당근 1/2T, 다진 청양고추 1큰술, 다진 쪽파 1/2T

만드는 방법

1 볶음 소스와 반죽, 느억맘소스는 각각 재료를 잘 섞어 준비한다.

2 식용유 두른 팬에 채 썬 양파를 살짝 볶다가 우겹살과 새우를 넣고 익힌다.

3 고기와 새우가 익으면 볶음 소스 재료를 넣고 물기 없이 볶는다.

4 숙주를 넣고 센불에서 익혀 속재료를 마무리한다.

5 팬에 식용유를 두르고 반죽을 얇게 펼친 후 한쪽 면이 익으면 준비한 4의 속재료를 올린다.

6 5를 반으로 접어 앞뒤로 구워 익히고 느억맘소스를 곁들여 완성한다.

분짜
Bun Cha

기준	지방	단백질	탄수화물	식이섬유
2인분	43g	22g	6g	6g

느억맘소스에 쌀국수와 삼겹살을 버무려 먹는 분짜는, 각종 채소와 함께 섭취할 수 있어 영양적으로 균형 잡힌 메뉴다. 특히 감칠맛 폭발하는 느억맘소스는 자칫 느끼할 수 있는 삼겹살의 맛을 잡아주기에 충분한데, 탄수화물에 민감하다면 쌀국수 대신 실곤약으로 대체하길 추천한다.

재료

- 실곤약 150g
- 우겹살 50g
- 양파 20g
- 청고추 10g
- 홍고추 10g
- 고수 약간
- 레몬 1/2개
- 느억맘 소스
- 소금 약간
- 후추 약간

만드는 방법

1. 양파는 채 썰고 청고추, 홍고추는 링 모양으로 썬다.
2. 실곤약은 끓는 물에 1분간 데친다.
3. 우겹살은 약간의 소금, 후추를 넣고 센불로 볶는다.
4. 모든 재료를 함께 곁들여 완성한다.

TIP
느억맘소스는 220쪽 재료 2배 분량으로 만들어 준비한다. 기호에 따라 면과 소스를 따로 준비해 찍어 먹기도 한다.

Part 6

키토제닉 캠핑 요리

KETO CAMPING RECIPES

진정한 키토식,
고기 요리

본격 캠핑 시대다. 심지어 차박까지 나올 정도니 코로나 시대를 겪고 있는 현대인들이 갇혀진 생활에 얼마나 신물이 나는지 알 수 있다. 사실 캠핑에서 가장 많이 찾는 식재료가 고기인 만큼, 어찌보면 키토인들에게 최적화된 메뉴를 제공하는 장소이자 환경이 캠핑장 아닐까 싶다.

그래서 준비했다. 캠핑장에서 고기 맛있게 굽고 삶은 방법, 그리고 캠핑과 잘 어울리는 갖가지 음식들. 고기쟁이가 알려주는 고기 요리법인 만큼 알아둔다면 언젠가는 피가 되고 살이 되리라.

1 해동

생고기도 물론 맛있지만 그보다 다소 저렴한 냉동 고기도 해동을 잘하면 생고기 못지않은 맛을 자랑한다. 가격적으로도 부담이 덜한 냉동 고기로 생고기만큼의 맛을 느껴보자.

냉동 고기는 캠핑 전날 냉장고(섭씨 3℃ 정도)에 하루 정도 두면 자연스럽게 녹으면서 습식 숙성 효과도 볼 수 있다. 시간적 여유가 없다면, 차가운 물에 포장된 채로 넣어 녹인다. 자연스럽게 해동할 수 있도록 한다.

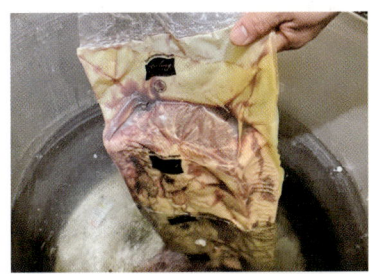

TIP
냉장 고기는 구입 후 5일 정도는 냉장고 섭씨 3℃ 정도에서 보관하면 습식 숙성(웻에이징) 효과를 낼 수 있으며 더 깊은 풍미를 느낄 수 있다.

2 핏물 제거

고기를 맛있게 굽기 위해 해동 못지않게 중요한 과정이 바로 핏물 제거다. 모든 고기 요리 시 핏물을 적절히 제거하지 않으면 텁텁하고 무거운 풍미가 느껴지기 때문이다. 아무리 해동이 잘된 고기라도 핏물 제거를 적절히 하지 않으면 제대로 된 고기 맛을 느끼기에 역부족이다. 키친타월이나 요리용 페이퍼에 고기를 올려 핏물을 흡수하도록 하자.

TIP
고기에 붙은 지방은 굽기 전에는 절대 자르지 말길. 지방이 같이 구워지면서 단백질의 녹진한 맛을 상승시키는 역할을 하기 때문이다. 고기에 붙은 지방은 다 구운 다음, 고기를 먹기 좋게 손질할 때 같이 제거해도 늦지 않다.

3 고기 굽기

이제는 고기를 구울 차례다. 잘 해동시키고, 적절한 핏물 제거가 끝났다면 가장 중요한 고기 굽는 과정으로 들어가야 한다. 기호에 따라 풍미 좋은 채소와 통후추 등을 곁들인다.

고기는 '최소한으로' 뒤집는 것을 목표로 해야 하는데, 190~200℃정도로 완전히 달궈진 프라이팬 혹은 그릴에 고기를 올리고 고기가 붙지 않을 정도로만 살짝 들었다 놓기를 반복한다. 이때, 절대 뒤집지 말고 기다려야 한다.

고기 위에 몽글몽글 물방울이 맺히기 시작하면 고기를 뒤집을 첫 번째 타이밍이다. 이때 중요하게 체크해야 할 부분은 계속해서 강불을 유지해야 한다는 것.

이제는 고기 옆면을 보면 된다. 옆면의 1/2 이상이 구워진 것을 확인하면 고기를 먹기 좋게 자르며 이때 지방도 같이 제거한다. 손질된 고기를 더 구워서 먹는 건 개인의 취향. 단, 고기를 여러 번 뒤집으면 수용성 단백질과 수분 손실로 맛이 없고 질겨진다.

4 수육

수육도 구워 먹는 고기 못지않게 캠핑에 잘 어울리는 조리법이다. 된장, 커핏가루, 간장, 청주, 생강, 마늘, 월계수잎, 통후추 등등 갖가지 향신료를 넣고 삶는 방법들이 즐비하지만 아주 간단한 재료로 쉽고 편하게 삶아내는 방법이 있다.

특히 캠핑을 떠날 땐 식자재 외에도 챙겨야 할 짐이 너무 많기 때문에 지나치게 많은 식자재를 들고 가는 것이 때론 부담일 수 있다. 이럴 때 수육 만든답시고 각종 향신료를 주섬주섬 챙길 게 아니라, 캠핑장에 있는 최소한의 재료로 가장 맛있는 수육을 만들어보자. 참고로, 이 방법은 제주 유명 돔베고기집에서 전수받은 방법이니 쉿, 우리끼리만 알아둘 것.

돼지고기 1kg 기준 300g의 양파와 소금 1T, 넉넉한 물을 냄비에 넣고 끓으면 고기를 넣어 강불에서 15분, 중불에서 15분, 약불에서 10분, 불을 끄고 10분간 고기에 뜸을 들여 완성한다.

묵은지 들기름무침
Aged Kimchi Salad with Perilla Oil

기준	지방	단백질	탄수화물	식이섬유
2인분	15g	2g	3g	2g

캠핑에서 돌아올 때 최대한 가볍게 돌아오면 그 캠핑은 성공한 기분이다. 캠핑 키토식의 핵심은 잉여 식재료로 만드는 한 끼 요리법이다. 고기에 곁들일 김치가 남았을 때 유용한 레시피와 더불어 고기와 잘 어울릴 채소무침 몇 가지를 소개한다.

재료

썻은 배추김치 150g
대파 10g
마늘 5g

+양념
들기름 1T
알룰로스 1t
통깨 약간

만드는 방법

1. 대파는 채 썰고 마늘은 다져 양념 재료와 잘 섞어 준비한다.
2. 김치를 송송 썰어 준비한 양념에 넣고 버무린다.
3. 구운 고기와 곁들인다.

더덕무침
Deodeok Salad

기준	지방	단백질	탄수화물	식이섬유
2인분	6g	6g	3.5g	7g

구운 고기와 곁들이기 좋은 더덕무침을 소개한다. 매번 똑같이 곁들이는 반찬에 질렸다면 향이 좋은 더덕무침으로 고기 맛을 업그레이드시켜보자.

재료

더덕 150g

+양념

키토 고추장 1T
고운 고춧가루 1/2T
식초 3T
알룰로스 1/2T
다진 마늘 1t
통깨 약간

만드는 방법

1. 더덕은 껍질을 벗긴 후 곱게 채 썬다.
2. 양념은 모든 재료를 잘 섞어 준비한다.
3. 채 썬 더덕을 양념에 무쳐 완성한다.

구운 가지무침

Grilled Eggplant Salad

기준	지방	단백질	탄수화물	식이섬유
2인분	8g	2.5g	3g	6g

캠핑장 숯불에 구운 가지는 그 풍미부터 남다르다. 설사 숯불이 아니더라도 간단한 팬 프라잉만으로도 구운 가지는 그 가치가 충분하다. 센불에서 기름 없이 가지를 구워내면 단맛과 식감이 흡사 군구고마를 닮게 된다. 이렇게 구운 가지를 미소 양념에 버무려 먹으면 캠핑장에 또 다른 행복이 찾아들 것이다.

재료

가지 100g
양파 50g

+양념

미소 1T
간장 1T
알룰로스 1/2T
다진 마늘 1t
참기름 약간
통깨 약간

만드는 방법

1. 가지와 양파는 스틱 모양으로 썬다.
2. 양념은 모든 재료를 잘 섞어 준비한다.
3. 석쇠나 그릴에 가지와 양파를 센불에서 굽는다.
4. 구운 가지와 양파를 양념에 무쳐 완성한다.

두부 피자
Tofu Pizza

기준	지방	단백질	탄수화물	식이섬유
2인분	25g	22g	7g	5g

찌개 끓여 먹으려고 산 두부가 남았을 때 반드시 만들어 먹는 메뉴다. 두부와 각종 채소, 고기 자투리로 멋진 한 끼 식사가 완성된다. 캠핑과 불멍에 빠질 수 없는 맥주 안주로도 훌륭하다.

재료

두부 100g
우겹살 50g
양배추 50g
양파 20g
당근 20g
달걀 2개
피자치즈 70g
소금 1/2T
후추 약간
올리브유 약간

만드는 방법

1 두부는 으깨고 모든 채소는 채 썰어 준비한다.
2 팬에 올리브유를 두르고 채 썬 채소와 우겹살을 볶으며 소금, 후추로 간한다.
3 볼에 으깬 두부와 달걀을 잘 섞는다.
4 팬에 올리브유를 두르고 3을 붓고 뚜껑을 닫아 중약불에서 5분간 익힌다.
5 2의 볶은 채소와 우겹살, 피자치즈를 올린다.
6 뚜껑을 닫아 약불에서 5분간 열을 주어 치즈를 녹여 완성한다.

명란 채소전
Pan-fried Vegetable with Pollock roe

기준	지방	단백질	탄수화물	식이섬유
2인분	9g	12g	7g	9g

튜브 타입으로 간편하게 사용할 수 있는 명란을 챙기면 품격 있는 캠핑 요리를 만들 수 있다. 자투리 채소를 넣어 전을 부치면 맛있는 안주가 되고, 아보카도나 달걀을 더하면 멋진 브런치 메뉴가 완성된다.

재료

명란 70g
쥬키니 호박 50g
당근 30g
양파 50g
깻잎 30g
청양고추 20g
식용유 1/2C

+반죽
아몬드가루 1C
타피오카 3T
달걀 1개
물 1/2C
소금 1/2t

만드는 방법

1. 모든 채소는 채 썰고 반죽은 모든 재료를 잘 섞어 준비한다.
2. 반죽에 채 썬 채소와 명란을 넣어 잘 섞는다.
3. 팬에 식용유를 두르고 2를 지져낸다.

명란 아보카도무스

Avocado Mousse with Pollock roe

기준	지방	단백질	탄수화물	식이섬유
2인분	15g	9g	6g	5g

캠핑장 아침을 근사한 브런치 카페로 변신시킬 메뉴를 소개한다. 잘 익은 아보카도와 전날 먹다 남긴 명란만 있다면 만들 수 있다. 여기에 여분의 달걀이 있다면 반숙 프라이까지 곁들여보자. 유명 브런치 레스토랑이 부럽지 않을 것이다.

재료

아보카도 1/2개
명란 30g
달걀 1개
달걀프라이 1개

+드레싱
플레인 요거트 2T
식초 1/2T
올리브유 1/2T

만드는 방법

1. 아보카도를 으깨고 모든 재료를 잘 버무린 후 달걀 프라이를 올려 완성한다.

와사비 소스를 곁들인 등심 샐러드
Grilled Sirloin Steak Salad with Wasabi Dressing

기준	지방	단백질	탄수화물	식이섬유
2인분	28g	30g	12g	5g

맛있게 구운 소고기도 매 끼니 먹으면 물릴 수 있다. 이럴 때는 같은 고기라도 조리법을 달리하는 게 방법이다. 찹스테이크는 캠핑 요리에서 등장하는 단골 메뉴. 소스만 조금씩 변경해도 여러 가지 메뉴를 맛볼 수 있다. 전날 남긴 쌈채소를 곁들이면 더욱 풍성한 캠핑 요리가 탄생할 것이다.

재료

채끝 등심 100g
치커리 50g
양파 30g
소금 약간
후추 약간

+와사비 소스
플레인 요거트 3T
마요네즈 2T
식초 3T
알룰로스 1T
생와사비 1/2T

만드는 방법

1. 치커리와 양파는 곱게 채 썰고 찬물에 담가 식감을 살린다.
2. 등심은 소금과 후추를 뿌려 취향껏 굽는다.
3. 소스는 모든 재료를 잘 섞어 준비한다.
4. 준비한 채소와 구운 등심, 소스를 곁들여 완성한다.

백김치찌개
White Kimchi Stew

기준	지방	단백질	탄수화물	식이섬유
2인분	75g	42g	12g	9g

캠핑장에 꼭 가져가는 배추김치. 늘 칼칼한 김치찌개를 끓였다면 맑은 국물의 백김치찌개를 끓여보자. 늘 먹던 방식이 아닌 새로운 요리법에 도전하는 것도 캠핑에서의 묘미. 이 메뉴는 캠핑장에 가면 즐겨 먹는 단골 별미가 될 것이다.

재료

썻은 배추김치 100g
삼겹살 80g
대파 30g
통마늘 10g

+국물 양념
물 5C
멸치 액젓 1T
소금 1t
치킨 파우더 1t
후춧가루 약간

만드는 방법

1. 썻은 배추김치와 대파, 마늘은 잘게 썰고 삼겹살은 한입 크기로 썬다.
2. 냄비에 삼겹살을 볶아 기름이 나오면 1을 넣고 볶는다.
3. 물 5컵을 넣고 중불에서 15분간 끓인다.
4. 물을 제외한 나머지 국물 양념 재료를 넣고 한소끔 더 끓여 마무리한다.

돼지고기 양배추찜
Steamed Pork & Cabbage

기준	지방	단백질	탄수화물	식이섬유
2인분	64g	38g	10g	8g

돼지고기는 캠핑 단골 메뉴다. 조금 더 특별한 돼지고기 요리를 즐기고 싶다면 양배추를 챙기자. 이 두 가지 재료가 만나면 맛있는 일본식 요리가 탄생한다. 분명 키토제닉 레시피인데 자꾸만 술이 생각날 정도로 근사하다.

재료

삼겹살 100g
양배추 150g

+양념장
미소 2T
간장 1/2T
알룰로스 1t
다진 마늘 1t
물 1/2C
후춧가루 약간
참기름 약간

만드는 방법

1. 삼겹살은 한입 크기로 잘라 양념장 재료와 버무리고 양배추는 한입 크기로 썰어 준비한다.
2. 냄비에 한입 크기로 자른 양배추를 깔고 그 위에 삼겹살을 올린다.
3. 뚜껑을 닫아 중약불에서 15분간 끓여 완성한다.

키토제닉 세계요리

2021년 6월 10일 초판 1쇄 발행

지은이 | 민희선
펴낸이 | 이종일

편집 | 박현주

펴낸곳 | 버튼북스
출판등록 | 2020년 4월 6일(제386-251002015000040호)

주소 | 경기도 부천시 소삼로38, 101-602
전화 | 032-341-2144
팩스 | 032-342-2144

ⓒ 민희선, 2021
ISBN 979-11-87320-43-2 13590

*본서의 내용을 무단 복제하는 것은 저작권법에 의해 금지되어 있습니다.
*파본이나 잘못된 책은 구입하신 서점에서 교환해 드립니다.